失落的古文明

神祕消失

的

繁華世界

www.foreverbooks.com.tw

yungjiuh@ms45.hinet.net

精選故事系列 26

失落的古文明：神祕消失的繁華世界

編　　著　艾賓斯
出 版 者　讀品文化事業有限公司
責任編輯　賴美君
封面設計　林鈺恆
美術編輯　王國卿

總 經 銷　永續圖書有限公司
　　　　　TEL ／(02)86473663
　　　　　FAX ／(02)86473660
劃撥帳號　18669219
地　　址　22103 新北市汐止區大同路三段 194 號 9 樓之 1
　　　　　TEL ／(02)86473663
　　　　　FAX ／(02)86473660
出 版 日　2019 年 10 月

法律顧問　方圓法律事務所　涂成樞律師
CVS 代理　美璟文化有限公司
　　　　　TEL ／(02)27239968
　　　　　FAX ／(02)27239668

國家圖書館出版品預行編目資料

失落的古文明：神祕消失的繁華世界
／艾賓斯編著.--初版.--新北市 ： 讀品文化,民108.10
　　面；公分.--（精選故事系列：26）
　　ISBN　978-986-453-106-6 (平裝)

1. 文明史　2. 古代史　3. 歷史故事

713.1　　　　　　　　　　　　　　108013646

1. ■ Chapter

神祕消失的繁華

神祕的繁華，還不清楚從哪裡來，就消失得無影無蹤。

CONTENTS

2 ■ Chapter

不可思議的遺址

來過了，留下了痕跡，更多的是不可思議的謎團。

3 Chapter

遍佈玄機的千古陵寢

生前豪華奢侈，升天之後，也夢想著人世間的榮華富貴。

空惹來，賭命盜墓人。

神祕消失的繁華

神祕的繁華，還不清楚從哪裡來，就消失得無影無蹤。

三星堆：
轟動世界的「神堆」

● 高鼻深目，顴骨突出，闊嘴大耳，耳朵上還有穿孔，
表情似笑非笑，似怒非怒。這是些什麼人呢？

　　1929年春，四川廣漢月亮灣的燕道誠在自家院子邊挖水渠時，挖開了一個沉睡了3000多年的三星堆驚世寶藏。人們陸續在此發現了大量造型怪異的青銅人頭像、面具、青銅禮器及玉石器。令人困惑的是，這些器物均被損毀。由於沒有文字記載，三星堆文化成為一個巨大的謎團，猜想與爭議從此開始。

◆ 一、神祕的器具

　　三星堆出土的大量青銅器中，基本上沒有生活用品，絕大多數是祭祀用品，這表明古蜀國的原始宗教體系已比較完整。這些祭祀用品帶有不同地域的文化特點，特別是青銅雕像、金杖等，與世界上著名的馬雅文化、古埃及文化非常接近。三星堆博物館副館長張繼忠認為，大量帶有不同地域特徵的祭祀用品表明，三星堆曾是世界朝聖中心。

在坑中出土了5000多枚海貝，經鑑定來自印度洋。有人說這些海貝用做交易，是四川最早的外匯，而有的人則說這是朝聖者帶來的祭祀品。還有出土的60多根象牙引起了學者們「土著象牙」與「外來象牙」的爭議。「不與秦塞通人煙」的古蜀國，居然已經有了「海外投資」，不可思議。

◆ 二、消失的古都

古蜀國的繁榮持續了1500多年，然後又像它的出現一樣突然地消失了。歷史再一次銜接上時，中間已多了2000多年的神祕空白。關於古蜀國的滅亡，人們假想了種種原因，但都因證據不足始終停留在假設上。

1 · 水患說

三星堆遺址北臨鴨子河，馬牧河從城中穿過，因此有學者認為是洪水肆虐的結果。但考古學家並未在遺址中發現洪水留下的沉積層。

2 · 戰爭說

遺址中發現的器具大多被事先破壞或燒焦，似乎也印證了這一解釋。但後來人們發現，這些器具的年代相差數百年。

3 · 遷徙說

這種說法無須太多考證，但它實際上仍沒有回答根本問題：人們為什麼要遷徙？

成都平原物產豐富，土壤肥沃，氣候溫和，用災難說解

釋似乎難以自圓其說。那麼，古蜀國消失在歷史長河的真正原因究竟是什麼呢？

◆ 三、文明起源何方

三星堆的發現將古蜀國的歷史推前到5000年前。三星堆文化來自何方？這裡數量龐大的青銅人像、動物不歸屬於中原青銅器的任何一類。青銅器上沒有留下一個文字，簡直讓人不可思議。出土的「三星堆人」高鼻深目、顴面突出、闊嘴大耳，耳朵上還有穿孔，不像中國人倒像是「老外」。有專家認為，三星堆人有可能來自其他大陸，三星堆文明可能是「雜交文明」。

另外，三星堆銅人的髮型有兩種，一種是後腦勺垂有髮辮的，一種是前額及兩鬢削平，後腦勺戴有髮笄的。許多學者認為，三星堆文化是吸收了一些中原文化或近東文化的本土文化，三星堆的人們是起源於四川西北岷江上游的人群，經過遷徙，最後根植於成都平原建立了王國。

現在，另一個觀點顛覆了以上的看法。那就是，在三星堆王國中，有一支來自中原的人群，具體地說，這群人是來自中原二里頭王族中東方的氏族。

◆ 四、「巴蜀圖語」

在祭祀坑中發現了一件價值連城的瑰寶——世界最早的金杖。其權杖之說早已被學術界認同，但所刻的魚、箭頭等

圖案卻引起了一場風波。

一個民族必備的文明要素，三星堆都已具備，只缺文字。學者們對此的爭論已有些歷史，《蜀王本紀》認為古蜀人「不曉文字，未有禮樂」，《華陽國志》則說蜀人「多斑彩文章」。

至於金杖上的圖案是文字？是族徽？是圖畫？還是某種宗教符號？仁智各見。有的已在試圖破譯，另一些專家則認為刻劃的符號基本上單個存在，不能表達語言。不過，如果能解讀這些圖案，必將極大促進三星堆之謎的破解。三星堆在文字方面尚存問號，也是它吸引人的地方之一。

◆ 五、政權性質及宗教形態

三星堆古蜀國是一個附屬於中原王朝的部落軍事聯盟，還是一個相對獨立的已建立起統一王朝的早期國家？其宗教形態是自然崇拜、祖先崇拜還是神靈崇拜？或是兼而有之？

◆ 六、為何消失

如此眾多而貴重的國家禮器為什麼會遭受損毀和掩埋呢？

有專家認為，在三星堆王國的末期，三星堆執掌權力的兩個氏族在內部權力分配問題上發生了爭執，進而引發了激烈的暴力衝突。三星堆城變成一片廢墟，兩個衝突集團開始放棄三星堆城，分別向附近的成都和陝西南部轉移。大概認為三星堆神廟中的像設和器物已經損壞，再使用有不祥的可

能，最後離開三星堆的王族在舉行了隆重的儀式後，將這些不能再使用的器物掩埋了。

三星堆遺址及其出土文物的許多重大學術問題，至今仍是難以破譯的千古之謎。雖然專家學者對這些謎團爭論不休，但終因無確鑿證據而成為懸案。

契丹民族的神祕失蹤

● 契丹建立的遼國滅亡了，契丹作為一個民族哪裡去了
呢？契丹文化呢？

西元916年建立的契丹國，947年改國號為大遼。大遼王
朝最強盛時期，曾經雄霸中國半壁江山，如此一個強大的民
族竟如同過眼雲煙一般在天邊的地平線上消失得無影無蹤了。
他們到哪裡去了呢？

契丹的本意是「鑌鐵」，也就是堅固的意思。這是一個
剽悍勇猛的民族。他們兵強馬壯，驍勇善戰。早在1400多年
前，契丹作為一個中國北方民族就已經出現在《魏書》中。
西元916年耶律阿保機統一了契丹各部，建立了契丹國，947
年改國號為大遼。大遼王朝最強盛時期，曾經雄霸中國半壁
江山，疆域北到外興安嶺、貝加爾湖一線，東臨庫頁島，西
跨阿爾泰山，南抵河北和山西北部，可謂氣壯山河。

契丹王朝在中國北部持續存在了200多年，與宋朝形成
南北對峙的格局。在此期間，中國中原地區通往西方的絲綢
之路被阻斷，以致亞歐大陸中西部國家誤以為整個中國都在

契丹的統治之下。於是，契丹成了全中國的代稱。馬可波羅在他的遊記裡第一次向西方介紹東方時，就以契丹來命名中國，時至今日，在斯拉夫語國家中仍然稱中國為「契丹」。

契丹民族不但創造了強大的軍事王國，而且創造了燦爛的文化，遼寺和遼塔就是其文明程度的體現。至今在黃河以北地區保存下來的古佛寺和佛塔，有的始建於遼代，有的在遼代翻修過。它們巍峨雄偉，歷經千年風雨依然堅固挺拔。

尤其山西省應縣的釋迦塔，是全世界現存最高最古老的木結構塔式建築，歷經多次地震而不毀。不難看出，創造如此輝煌文明的民族，一定有著相當的經濟基礎和雄厚的工程技術力量。

同時，也可以看出契丹王朝對各種文化兼收並蓄，除了大量吸收中原漢族人才以外，還透過和宋朝的貿易獲得先進的生產技術。契丹這個馬背上的梟雄，確實在中國北方開創過一派繁華的時代。

據史書記載，盛極一時的契丹王朝滅亡後，至少還有兩部分契丹人留了下來。一部分是契丹末代皇帝的追隨者，另一部分是聚居在遼代南京城附近的契丹人，再加上散居各地的契丹軍民，數量決非少數。不斷出土的文物就是他們留下的腳印，說明有的契丹人被女真人降服，有的向北回遷到契丹的發祥地，也有人和北方其他民族逐漸融合為一體。進一

步考古證明：在整個金代，契丹人不斷舉行起義。當蒙古族興起後，契丹人紛紛投靠，想借助成吉思汗恢復本民族的地位。

然而，令人驚異的是自明代以來，契丹人卻銷聲匿跡了。那麼，幾百萬契丹人到哪裡去了呢？就在人們尋找契丹人蛛絲馬跡的時候，生活在大興安嶺、嫩江和呼倫貝爾草原交匯處的達斡爾人，引起了專家們的注意。

當地傳說，幾百年前，一支契丹軍隊來到這裡修邊堡，從此便定居下來。這支軍隊的首領叫薩吉爾迪漢，就是達斡爾的祖先。

學者透過比較研究契丹族和達斡爾族的生產、生活、習俗、宗教、語言、歷史，找到了大量證據表明，達斡爾人是繼承契丹人傳統最多的民族。但這些只是間接的證據，是不能給出定論的。

與此同時，在雲南施甸縣，發現了一個仍在自己祖先的墳墓上使用契丹文字的特殊族群，統稱「本人」。在施甸縣由旺鄉的一座「本人」宗祠裡，人們發現了一塊牌匾上面篆刻著「耶律」二字。「本人」說，這是為了紀念他們的先祖阿蘇魯，並表明他們的契丹後裔身分。

歷史上確有記載，阿蘇魯是投靠蒙古的契丹後裔，他的先祖曾參加西南平叛戰爭。但如何證明這些「本人」就是阿

蘇魯的後代呢？畢竟漠北和雲南相隔萬里，在沒有確切證據之前，學術界始終未能給這個自稱契丹後裔的族群「正名」。

專家們決定利用DNA技術揭開這千古之謎。專家們先在四川樂山取到了契丹女屍的腕骨；從內蒙古自治區赤峰取到了有墓誌為證的契丹人牙齒、頭骨；在雲南保山、施甸等地採集到「本人」的血樣；從內蒙古自治區莫力達瓦旗和其他幾個旗和縣提取到了達斡爾、鄂溫克、蒙古族和漢族等人群的血樣。

在完成古標本的牙髓和骨髓中用矽法提取的線粒體DNA可變區比較後，終於得出了準確的結論：達斡爾族與契丹有最近的遺傳關係，為契丹人後裔；而雲南「本人」與達斡爾族有相似的父系起源，很可能是蒙古軍隊中契丹官兵的後裔。

根據這次測定結果，結合史料，歷史學家們終於找到了契丹族的下落：元代蒙古人建立橫跨歐亞大陸的蒙古大帝國時，連年征戰，頻繁徵兵，能征善戰的契丹族人被徵召殆盡，分散到各地，有的保持較大的族群，如達斡爾族，作為民族續存保留下來，有的則被當地人同化了，零星分佈在各地。

契丹人的後裔似乎是找到了，但是他們的文化到哪裡去了呢？在中國歷史上，雖然改朝換代頻頻發生，但原有的文化傳統總能代代相傳。然而，契丹王朝滅亡後，整個契丹文化也隨之消亡了。

　　歷史學家分析發現，女真人的金朝取代契丹人的遼朝後，曾下令清除那些反抗的契丹人，其中一次見於史書的殺戮就持續了1個多月。很有可能契丹文化也在這時遭到捨棄。當女真文字參照漢字創立後，金朝皇帝就下令廢止了契丹字。

　　而到目前為止，幾乎所有的契丹文字都是在碑刻上發現的，都是墓誌銘；人們還沒有發現任何用契丹文編寫的書籍。解讀契丹文字的重重困難，也增加了尋找契丹文化的難度，契丹文化密碼的破解，尚待時日。

樓蘭古國之謎

● 新疆，對一個探險旅遊者來說，有個地方是充滿吸引力
的。這就是被稱為「沙漠中的龐貝」的神祕古城──西
域古國樓蘭。

1979年冬天，考古學家在孔雀河古河道北岸發現了數十
座「太陽墓」，距今已有3800年之久。墓的中間用一圈圓形
木樁圍成死者墓穴，外面用一尺多高的木樁圍成7個圓圈，
並組成若干條射線，呈太陽放射光芒狀。

1980年，在孔雀河下游鐵板河三角洲曾發現一具女性乾
屍，她埋藏在地下4000年而容顏依舊，「牙齒、毛髮、指甲
都保存完好，彷彿剛剛睡去。那健壯的骨骼、古銅色的皮膚
讓人相信她隨時會站起來奔跑」。經研究，女屍屬歐洲白色
人種。

1980年6月17日，著名科學家彭加木率考察隊在羅布泊
地區考察時，不幸遇難失蹤。黨和國家出動了飛機、軍隊、
警犬，花費了大量人力和財力大規模尋找，最終沒有結果。

1996年6月，中國探險家余純順在羅布泊徒步孤身探險

中失蹤。當直升機發現他的屍體時，法醫鑑定已死亡五天。既不是自殺，也非他殺，身強力壯的他，死亡原因還是個謎。

2000年3月份，蒙古自治州史志辦張體先在塔克拉瑪幹沙漠一條乾涸的小河道裡，意外發現了一具獨木舟棺材——樓蘭彩棺！但是等他們再度去尋找時，彩棺卻在漫無邊際的沙漠腹地不翼而飛，至今下落不明。這就是聲名赫赫的樓蘭，這就是神祕莫測的羅布泊！

其實，最早發現樓蘭的時間要追溯到1900年，這一年，1900年3月28日，瑞典探險家斯文‧赫定完成了羅布泊西部的探險開始返程。這時，他和他的維吾爾族嚮導阿爾迪克發現用於考察的一把鑽子遺留在了營地。阿爾迪克返回營地尋找時遇到了風暴，迷失了方向，但在迷途中意外地闖入了一座古城，他發現了許多文物和雕刻精美的木板、古代銅錢。斯文‧赫定對阿爾迪克的發現大喜過望。1903年，斯文‧赫定進入了這座古城，發掘了大量文物，包括錢幣、絲織品、糧食、陶器、36張寫有漢字的紙片、120片竹簡和幾支毛筆……

回國後，根據赫定帶回的木簡，德國語言學家研究後確認：這座古城就是史籍中記載的樓蘭！

就在斯文‧赫定發現樓蘭將近100年的時候，1999年12月，新疆文物考古研究所的專家們又公佈了一條消息：在距

樓蘭古城4.8公里的風蝕台地上發現了兩座樓蘭人墓葬。這兩
處墓葬相距僅百米，其中的彩棺老年男人墓屬漢晉時期，而
另一座6個月大嬰兒乾屍墓卻是距今4000年前後的遺存，它
們之間隔著2000年的跨度。彩棺墓的男屍身著棉裡絹裡長
袍，是蒙古人種，他的彩棺墓上繪有東方文明象徵日、月的
「朱雀」、「玄武」，棺上覆蓋著羅馬風格的獅紋栽絨毛毯。
那個夭折的嬰兒則是頭戴尖頂氈帽，細軟的金黃色頭髮，深
陷的眼睛微閉著，鼻子明顯高隆，而且身穿粗毛布，腳上是
帶毛的皮製鞋。很明顯，這兩座墓代表不同文明，樓蘭文明
又因此增添了幾許神祕的色彩。

樓蘭古城是古樓蘭國目前被發現的最重要的歷史遺跡，
它對研究新疆以至中亞的古代史、絲綢之路的歷史變遷、中
西文化的交流與相融具有至關重要的作用。

1979年，新疆社會科學院考古所受中央電視台邀請協助
拍攝電視片《絲綢之路》。他們克服重重困難，三次深入羅
布泊地區，獲得了魏晉時期的漢文木簡、文書及大量的古錢、
絲織品、皮革製品等珍貴文物。軍區測繪大隊配合考察隊深
入樓蘭勘測繪製了樓蘭古城地形圖。經精確測量，判定古樓
蘭城位於羅布泊西北岸、東經 $89^{0}22'22''$ 北緯 $40^{0}29'55''$。城垣
為方形，總面積10.824萬平方米，一南一北兩條河流繞城而
過，城東則是碧波萬頃的「鹽澤」羅布泊。一條西北—東南

走向的古河道貫穿城中，將城分成兩部分，城東北是佛塔、寺院，城西南是官署、居民區。

古樓蘭的城牆用泥土、蘆葦、樹枝修築，至今仍依稀可辨。城中規格最高的建築是並排的三間房子，屬土坯建築。除房頂不翼而飛外，房子的門、窗還依稀可辨。斯文‧赫定就曾經在這三間房的牆角下發掘出大量珍貴的文書。古城內，蓋房用的木梁、檁條、椽子也比比皆是。這些建築材料全都是胡楊木，有的還鑿了眼，甚至刻上了花紋，顯示出相當的工藝水準，格外引人注目。另據考古學家證實：樓蘭是一個兼有農、牧、屯田、貿易的城邦。漢王朝經營絲綢之路，控制西域時，樓蘭的水利、屯田得到大規模開發，樓蘭人一度過著十分安逸的生活。東方的絲綢製品、陶器、漆器、鐵器，中亞的棉布、毛布製品，銅鏡甚至海貝，波斯、希臘、羅馬的藝術品都在樓蘭出現。

其實，自樓蘭古城發現之後，國外的大批考古學家、地理、地質學者就接踵而至，在樓蘭古城及羅布泊地區發掘了難以數計的珍貴文物。其中最珍貴的是晉代手抄《戰國策》和漢錦。這份手抄的《戰國策》，僅僅比中國紙的發明晚一二百年，比歐洲人最古的字紙要早六七百年。漢錦則色彩絢麗、華美精緻，上面都繡有祝詞，製作年代在1~2世紀之間。另一重大發掘收穫是發現了當年任西晉西域長史的李柏給焉

者王的信件，即所謂的「李柏文書」。樓蘭因此被稱為埋藏在「沙漠中的寶地」，是歷史遺落下來的「博物館」。

樓蘭，這個曾經活在詩歌和傳說中的古城，它的文化遺存是古人留給我們的一筆無法估量的歷史遺產。它曾經有過的輝煌，形成了它在世界文化史上的特殊地位。如今，在乾涸的羅布泊湖濱，還可以俯拾石器時代樓蘭人遺留的磨盤、玉斧、刮削器以及一個個吐訴古今幽情的螺殼……然而，樓蘭國是怎麼消失的呢？

樓蘭屬西域三十六國之一，位於今新疆巴音郭楞蒙古族自治州若羌縣北境，羅布泊以西，孔雀河道南岸7公里處，西南距若羌縣城220公里，東距羅布泊西岸28公里。

關於古樓蘭的記載，最早始於張騫。西元前126年，張騫出使西域，回到長安後撰寫了出使報告。報告中提到樓蘭是一個有「城郭」的城邦文明。後來司馬遷也在《史記》中記載樓蘭「有城郭，臨鹽澤」。

古樓蘭是古絲綢路上西出陽關的第一站。當年，在這條交通線上是「使者相望於道」的繁榮景象。西漢末年，西域交通斷絕，樓蘭也隨之「城門晝閉」。到曹魏時期，樓蘭又重新開始繁榮起來。《後漢書·西域傳》中寫道：「馳命走驛，不絕於時月；胡商販客，日款塞下。」

史籍中對於樓蘭古城建於何年，何時形成樓蘭王國沒有

記載。但根據在羅布泊周邊及樓蘭城邊地發現的史前器物表明，樓蘭古城距今約有6000年。然而，奇怪的是，樓蘭王國在繁榮興旺了五六百年以後，卻從4世紀之後突然銷聲匿跡了。西元399年，東晉高僧法顯路經樓蘭時，這裡已是「上無飛鳥、下無走獸，遍望極目，欲求度處則莫知所擬，唯以死人枯目為標識耳」。

到了7世紀，唐玄奘看到樓蘭國「城郭巋然，人煙斷絕」，這個時候的樓蘭，已經成了一座空城。

關於古樓蘭的神祕消失，目前尚無定論。但歸納起來，主要有以下幾種觀點：

◆ 一、斷水而廢

據《水經注》記載，東漢以後，塔里木河中游的注濱河改道，導致樓蘭嚴重缺水。敦煌索勒召兵來到樓蘭，不分晝夜橫斷注濱河，引水進入樓蘭，緩解了樓蘭缺水的困境。但在此之後，儘管樓蘭人為疏浚河道做出了最大限度地努力和嘗試，但樓蘭古城最終還是因斷水而廢棄了。

◆ 二、生態環境惡化

樓蘭曾是個河網遍佈、生機勃勃的綠洲，然而聲勢浩大的「太陽墓葬」卻為樓蘭的毀滅埋下了隱患。在已發現的七座「太陽墓」中，成材圓木竟達一萬多根！這種墓葬的盛行，致使大量樹木被砍伐，致使水土流失，風沙侵襲，河流改道，

氣候反常，瘟疫流行，水分減少，鹽鹼日積，樓蘭人在不知不覺中埋葬了自己的家園。

另外，戰爭直接導致樓蘭古國的消亡也是完全可能的。在海上貿易時代之前，東西方貿易只有一條漫長的「絲綢之路」。「絲綢之路」沿線各國，尤其是塔里木南邊的鄯善，就成了周邊列強掠奪的重要對象。

但是，不管怎麼說，樓蘭國還是瓦解了，徒留一座空城在茫茫荒漠，慢慢地被風沙掩蓋，變成暗藏著災難和死亡的王國。樓蘭，一個等待人們去破解的千古之謎。

雲南撫仙湖水下古城

● 水下古城神祕傳說成為現實，古滇文明將重見天日。

　　雲南省滇中地區有大大小小很多湖泊。撫仙湖位於雲南中部玉溪市郊，距昆明約60公里，面積約211平方公里，最深處155米，平均深度約為80多米，是中國第二大深水湖。

　　撫仙湖屬雲南高原第三紀抬升過程中形成的斷陷型湖盆地之一，在雲南民間世代流傳著關於撫仙湖「水下古城」的許多傳說。難道這裡真有傳說中的水下古城嗎？如果是真的，它又是一座什麼樣的城市？達到了怎樣的文明程度？是否就是一直未被發現的古滇國都呢？

　　當地一位年近百歲的老人曾指著水中隱現的石牆說：「那條石龍呀，我們七八歲時就曾在上邊走過。湖裡的石頭堆多了……」出於對傳說的好奇，1992年，從小生活在雲南澄江撫仙湖邊的一名業餘潛水愛好者耿衛先後38次潛入撫仙湖底，竟然拍攝到了水下古城的一些景觀。

　　2005年年底，耿衛在雲南澄江縣披露了近兩年來水下考古的最新發現，一張張金色的聲納掃描圖顯示出水下城市宏

偉的輪廓，令人驚詫。耿衛介紹說，目前已經探明的古城遺跡面積達2.4平方公里，規模不遜於20世紀70年代的澄江縣城。主要建築共有8個，其中兩個高大階梯狀建築和一座圓形建築最為重要。

其中一座高大的階梯狀建築共分三層，底部寬60米，第二層寬32米，頂層寬18米，整個建築高為16米，從聲納掃描圖上可以看出，它的台階非常整齊對稱。

而另一座階梯狀建築氣勢最為恢宏。它上下共五層，第一層底部寬63米，第二層寬48米，三四層倒塌比較嚴重，無法仔細測量，第五層寬27米，整個建築高21米，類似於美洲馬雅人的金字塔。在每一層大的台階之間都有小台階相連，其中第一級大台階從底部有一條筆直的小台階直通而上。

此外，在這兩座建築中間還有一條長300多米、寬5~7米的石板路面，用不同形狀的石板鋪成，石板上面有各種各樣的幾何圖案。

在另外一片區域裡，還發現了一座圓形建築，底部直徑為37米，南面偏高，依稀可以辨別出台階。該建築北面倒塌得比較嚴重，東北面有個缺口，形狀類似於古羅馬的鬥獸場。

在雲南晉寧石寨山曾出土大量古滇國時期的青銅器，很多青銅扣飾（一種青銅質地的圓形小飾品）上都有台階式建築的圖案，有的上面還有用於祭祀的杆欄式建築圖案。這表

明祭祀活動在古滇人的生活中已經相當重要，那些高大的台階式建築就是古滇人祭祀活動的遺存。

目前，關於古滇國的考古成果幾乎全都集中在墓葬和文物的出土上，曾經興盛500餘年的古滇國沒有發現任何生活建築的遺跡，湖底高大的建築與青銅器上的圖案相似絕非偶然。

雲南有關方面用聲納對撫仙湖底進行了探測。聲納探測圖上可以清楚地看到，撫仙湖的水下古城大約由8個石頭建築群組成，分佈在南北長2公里、東西寬1.2公里的水域中，每個群落面積大小不等，區域面積約2.4平方公里。

核心區域的5個群落基本連成一片，各個群落建築體量各異，其中6號、7號群落水深75～90米。根據水下聲納顯示的目標，1號、2號、3號群落遺址均有古建築群的存在，其餘5個群落則需要繼續考證。

透過對撫仙湖周圍地區地理地質環境的考察和比較，該建築群依山傍水，旁邊山體有明顯的大面積斷裂陷落痕跡，同時這裡位於小江斷裂帶西支的深斷裂帶上，西元110年東漢時期這裡曾經發生過一次大地震，古城有可能就是在這次地震時沉入湖底的。

由於水下考察時沒有發現任何動植物殘骸及陶瓷、磚瓦的殘片，這給探測年代帶來了相當的困難。但從水下建築群

的石料的打製方式來看，湖底的建築群與滇中發現的古長城頗為相似，應與其處於同一年代，即距今大約兩千年前。水下古城再次為「古滇王國」的存在提供了有力佐證，但古滇國都到底在哪兒，是什麼樣子，歷史上從來沒有記載。

那麼，這座水底古城是否就是一直未被發現的古滇國都呢？石頭廢墟下是否掩埋著曾經輝煌的古滇文明遺跡？這不過是解開撫仙湖之謎的一個開始。

女兒國消失之謎

● 傳說中的女兒國或許真的存在，那麼它是怎麼消失的呢？

　　《西遊記》中女兒國美麗的女王對唐三藏癡情的愛戀是一個淒美的愛情故事，而那條讓人喝了水就能生孩子的子母河更是留給人無數的幻想。「女兒國」究竟是吳承恩全憑天馬行空的想像力虛構出來的理想樂園，還是歷史上果真有過這樣一個「女兒國」呢？

　　史書中記載的東女國是否就是傳說中的「女兒國」呢？據一些學者考證，「女兒國」在歷史上的的確確存在過，而且現在有一些村寨一直將「女兒國」的古老習俗留存至今。經過長期研究和實地考察，專家認為，今天四川甘孜州的丹巴縣至道孚縣一帶就是《舊唐書》中記載的東女國的中心。

　　據《舊唐書》第一百九十七卷《南蠻西南蠻傳》記載：「東女國，西羌之別稱，以西海中複有女國，故稱東女焉。俗以女為王。東與茂州、黨項接，東南與雅州接，界隔羅女蠻及百狼夷。其境東西九日行，南北22行。有大小八十餘

城。」按照《舊唐書》的記載，東女國南北長22天的行程，東西長9天的行程，如果按照過去一天騎馬40公里或者步行20公里，那麼東女國應該南北覆蓋400公里到800公里，東西覆蓋180公里到360公里。

據史書記載，東女國建築都是碉樓，女王住在九層的碉樓上，一般老百姓住四五層的碉樓。女王穿的是青布毛領的綢緞長裙，裙擺拖地，貼上金花。東女國最大的特點是重婦女、輕男人，國王和官吏都是女人，男人不能在朝廷做官，只能在外面服兵役。

宮中女王的旨意，透過女官傳達到外面。東女國設有女王和副女王，在族群內部推舉有才能的人擔當，女王去世後，由副女王繼位。一般家庭中也是以女性為主導，不存在夫妻關係，家庭中以母親為尊，掌管家庭財產的分配，主導一切家中事務。

《舊唐書》關於東女國的記載是十分詳細的，但是到了唐代以後，史書關於東女國的記載幾乎就中斷了。難道東女國的出現只是曇花一現嗎？

唐玄宗時期，唐朝和土蕃關係較好，土蕃從雅魯藏布江東擴到大渡河一帶。可是到了唐代中期的時候，唐朝和土蕃關係變得緊張，打了一百多年仗，唐朝逐步招降一部分土蕃統治區的少數民族到內地，當時唐朝把8個少數民族部落從

岷山峽谷遷移到大渡河邊定居，這8個部落裡面就有東女國的女王所率領的部落。

當時東女國女王到朝廷朝見，被冊封為「銀青光祿大夫」，雖然是虛銜，但是品級很高，相當於現在的省級官員。後來到了唐晚期，土蕃勢力逐漸強大，多次入侵到大渡河東邊，唐朝組織兵力反擊，在犬牙交錯的戰爭中，東女國的這些遺留部落，為了自保就採取兩面討好的態度。

後來，唐逐漸衰落直至分裂，土蕃也漸漸滅亡。土蕃崩潰後，曾經被他們統治的青藏高原重新回到了原來的部落時代，唐代分裂後，也沒有力量統一管理，到了後來的宋元明三代，對於青藏高原地區的統治很薄弱，因此基本沒有史料記載，一直到清代才把土司制度健全。

而東女國的遺留部落有些由於靠近交通要樞，受到外來文化的影響，女王死後沒有保留傳統習俗，逐漸演變成父系社會，而有一些部落依舊生活在深山峽谷，保留了母系社會的痕跡。

根據專家考察，歷史上的東女國就處在今天川、滇、藏交匯的雅礱江和大渡河的支流大、小金川一帶，也是現在有名的女性文化帶。而紮壩極有可能是東女國殘餘部落之一，至今保留著很多東女國母系社會的特點。在紮壩，女性是家庭的中心，掌管財產的分配和其他家庭事務，與東女國「以

女為王」相似。

在婚姻制度上，紮壩人依然實行走婚，透過男女的集會，男方如果看上了女方，就從女方身上搶來一樣東西，比如手帕、墜子等，如果女方不要回信物，就表示同意了。晚上男方到女方家過夜，天亮就會離開，從此兩人互相沒有任何關係。男女雙方之間的關係叫做「甲依」，就是伴侶的意思。女方可以同時有很多「甲依」，但也有極少數姑娘一輩子只有一個「甲依」，兩個人走婚走到老。

雖然紮壩仍然保留著部分女兒國的傳統習俗，但它與《舊唐書》中記載的女兒國還有很多的差異。真正的女兒國究竟走了怎樣的一條發展道路，又是怎樣突然沒有任何記載了呢？這是史學家需要努力探究的一個問題。

古格王朝之謎

● 神祕的古格王朝300年前一夜之間在地球上消失，
是因為內戰，還是被外族殘酷滅國呢？

　　古格王朝是吐蕃王朝瓦解後建立的，從9世紀開始到17世紀結束，前後世襲了16個國王。

　　它是吐蕃王室後裔在吐蕃西部阿裡建立的地方政權，統治中心在劄達象泉河流域，北抵日土，最北界可達今喀什米爾境內的斯諾烏山，南界印度，西鄰今印占喀什米爾，最東面勢力範圍一度達到岡底斯山麓。其都城劄布讓位於現劄達縣城西18公里的象泉河南岸。

　　古格王國在西藏的經濟和文化發展史上佔有重要的地位，當時古代印度的許多重要佛教教義，就是從這裡傳入西藏腹心地區的，它還是古代西藏對外貿易的重要商埠之一。

　　可就是這樣一個盛極一時、曾供養了十萬之眾的王國卻在一夜之間從歷史上徹底地消失了。當幾百年後它被發現的時候，甚至還保留著毀滅時的現場。這一切困惑著人們：難道它的消失僅僅是由於那一場王室之間的戰爭嗎？

　　17世紀時，古格國已經有了西方傳教士，當時的古格王和自己的弟弟，也就是古格的宗教領袖矛盾尖銳。為了鞏固自己的勢力，古格國王開始借助西方傳教士的力量削弱佛教的影響。

　　1633年，佛教僧侶們發動叛亂，古格王的弟弟勾結了拉達克王室來攻打古格都城，企圖推翻古格王朝，一場戰爭就這樣開始了。但是，古格王宮建在山上，通向王宮的唯一隧道地勢險要，一夫當關，萬夫莫開，拉達克很長時間都無法攻下。氣急敗壞的拉達克就驅趕著古格的老百姓在半山腰修建一座石頭樓，想等這石頭樓和山頂一樣高的時候，最終拿下古格。

　　石頭樓最終還是沒有修完，因為古格王做出了決定。關於國王的決定也有不同的說法，有的說國王最後從懸崖上跳了下去摔死了，國王一死，古格自然也就城破了；也有人說是為了挽救百姓，古格投降了。但根據一些史料的記載，應該是後一種情況更加可信。

　　在古格王國的遺址上，曾經日夜奔跑著一隻靈性非常的純色黑貓，它在尋找失落的愛情，還是在緬懷古國的繁華？

　　傳說在古格王朝即將消亡的時候，國王為了保護他心愛的王妃，請來了國內最老的巫師，把王妃變成了一隻黑貓，讓王妃逃出了即將被攻陷的王宮。然後國王下令，找到這隻

黑貓的人便是以後古格王國的繼承人。他想用這樣的辦法來挽救王國的命運，但是古格王朝還是在那次惡戰中淪陷了，只留下一些殘垣斷牆。

從那時起，就有一隻靈性非常的黑貓日夜奔跑在這座被遺落的古國的遺址上，從不曾離去。直到現代人的足跡踏上這片神祕的國度時，那隻守候王朝遺址的黑貓才倒在了畫家曹勇的獵槍下……

在今天的認知世界裡，我們當然可以確定那隻黑貓不是王妃所變，但是古格淪陷時的悲壯和淒慘卻因此而清晰。古格王朝是在20世紀初才開始被歷史學家、考古學家和西藏學專家所關注，但它所處的環境卻使問津者甚少。在少數幾個成行者之中，最早的當屬英國人麥克沃斯‧楊。

1912年他曾對古格故城和劄達托林寺作過考察，並寫有《西藏西部的托林和紮布讓的旅行》一文，發表在印度旁遮普歷史學會雜誌上。其後的20世紀30年代，義大利藏學家杜齊在考察西藏古蹟時到了古格故城，他將拍攝到的一部分照片刊於他的著作《穿越喜馬拉雅》上。但是，中國的考古專家們一直未能親自抵達這個神祕的古國遺址。

直到1979年6月，西藏文物管理委員會和新疆文物管理委員會共同組隊前往紮布讓，對遺址作了初步的觀察和記錄。這是對於古格遺址的首次科學考古調查，考察結果被寫成《阿

里地區古格王國遺址調查記》發表在1981年的《文物》雜誌。

同年9月，建築勘測專業人員對古格故城進行了測繪、考察。7年後出版了《古格王國建築遺址》。對古格王國故城所作的最全面、最深入的考察是在1985年，這年西藏文物管理委員會組織了專門的古格遺址考察隊，調查遺址的相關情況。這時候古格亡國已有350年之久，王宮遺址的土質材料變得鬆脆，正在一點一點粉碎，化作塵埃。斷壁殘垣的凸顯部位也都被磨損了稜角，昔日都城正在消失。

西藏文化界掀起了一陣「阿里熱」、「古格熱」，沉寂了300多年的古格故城再一次熱鬧起來。

古格都城劄布讓的北面，有一個名叫「魯巴」的地方，這個名字在藏語中意為「冶煉人」。傳說，當時這個地方以精於冶煉與金銀器製造而聞名，他們鑄造的佛像用金、銀、銅等不同的原料合煉而成，工藝精湛，通體全無接縫，如自然形成，其價值甚至超過了純金佛像。其中，最為神奇的是一種名叫「古格銀眼」的銅像，只有古格才能製作，尤為珍奇。

1997年夏，在皮央遺址杜康大殿的考古發掘中就出土了一件「古格銀眼」銅像。它頭戴化佛寶冠，4臂各執法器，結跏趺坐於獸座蓮台，頭上有3隻眼睛，正中的一隻為縱目。

這3隻眼的眼球都採用鍍銀的技法做成，銀光閃閃，晶瑩鋥亮。可見，古格時期的金屬製造業已經達到相當高的水準。

古格王朝的古城中保存最好的一組建築是紅殿、白殿和度母殿。其中擁有古格藝術的精華——壁畫。這些壁畫歷經幾百年依然光彩照人，各種顏色都那樣純正而沉穩、熠熠生輝而不浮華。

那些嫵媚動人的菩薩、絕艷驚人的度母，以及國王王后禮佛圖與佛傳故事圖，都令人怦然心動，流連忘返。壁畫中的佛造像、佛祖傳記故事數量最多，且畫風粗獷、顏色厚重。

這些記錄古格王統世系，反映古格地區政治、經濟活動以及文化風情的壁畫在整個西藏絕無僅有。從這些壁畫中還可以看到古格城堡的建築場面、王室貴族與僧俗各界、域外王侯使節的禮佛圖，以及男人農耕、出牧、狩獵、騎射，女人擠奶、歌舞的生動畫面，他們的動作、服飾都是那個時代的真實寫照。

還有許多一尺見方的小型供養菩薩造像遍佈大型造像四周，這些小幅畫像文飾精細，姿勢也各不相同，有拉弓的，有一腳彎曲一腳騰空的，尤為生動逼真。傳說，因為拉達克人原也是佛教徒，他們對神佛心存敬畏，這些古格壁畫才得以倖存。

古格王朝有著700年的歷史，產生了如此精美而渾厚的

藝術，可是它卻在17世紀時無聲無息地消失了，給人們留下了許多未解之謎。

古格王國滅亡後留下的最後遺跡是一個陰森恐怖的「乾屍洞」。洞窟開鑿在距地表近3米高的山溝崖壁上，洞口很小，寬0.8米，高僅1.2米。這個洞是一組三室洞窟，主室面積約10平方米，地面是不規整的方形。後室和南側室各有一個小洞口與主室相通。

這幾個洞室內都堆放著30公分厚的散骨骼、破衣、碎布、繩子和小木棍等。骨骼非常雜亂，都是身首異處，根本無法一一辨識每具屍體。奇怪的是洞內沒有發現一個顱骨，只找到兩件下頜骨，還有許多髮辮和綁紮著的髮束，這說明屍體本來應當是帶著頭顱被堆進洞內的，後來這些頭顱卻不翼而飛。

根據亂骨堆中夾雜大量破衣、布塊和多節毛織繩以及捆綁跡象分析，堆放到此的屍體最初全都是穿著衣袍，有些還裹著大塊毛織布，用繩子捆綁成屈肢狀放入洞中的。

關於「乾屍洞」同樣有一個傳說：古格國王在向拉達克人投降時，要求他們不得傷害百姓，但當古格國王和戰士們放下武器之後，背信棄義的拉達克人卻將古格人民全部押解到乾屍洞前處以極刑，拋屍於洞內，將古格殘酷滅國。

但這樣就殺死了所有的古格人嗎？如果沒有的話，那生

存下來的古格人哪裡去了呢？這是古格給我們留下的千古之謎。今天的古格故地，只有十幾戶人家守著一座空蕩蕩的城市廢墟，從他們身上我們無法看到古城的影子。

　　古格，這個獨自坐落在世界屋脊上的古城遺址，這個離純淨天空最近的地方，讀它的過程就像行走在不可知的朝聖之路，神祕而悠長。

古羅馬帝國的消失

● 盛極一時的古羅馬帝國的滅亡，

是瘧疾導致的，還是鉛中毒引起的呢？

　　西元1～2世紀，古羅馬帝國曾是稱霸世界的一大強國，它雄踞於地中海一帶，儼然是一個不可一世的大帝國。然而，自鼎盛時期100多年以後，古羅馬帝國卻每況愈下，內外征戰頻繁，人口減少，城市衰退，國民飽受貧困之苦，最終走向滅亡。那麼，到底是什麼原因導致了古羅馬帝國滅亡和古老文明消失的呢？

　　有學者認為瘧疾的致命性爆發才是導致古羅馬帝國崩潰的真正原因。在羅馬的北部，考古學家在一座墓葬裡發現了一具古羅馬時期的小孩屍骨，從小孩骨頭中提取的DNA分析揭示出，小孩受到了能導致瘧疾的寄生蟲的感染。

　　領導這項研究的曼賈斯特大學的薩拉利斯博士認為，小孩死於瘧疾是相當肯定的。研究人員指出，人類歷史上第一次有了基因證據，表明古羅馬文明是因為遭到瘧疾瘟疫的襲擊而毀滅。

　　瘧疾是非常古老的疾病，史前人類就遭受過瘧疾的襲擊。
現在，每年有3~5億的人口由於瘧疾而致病。在非洲、印度、
東南亞以及南美每年有數百萬人死於瘧疾。

　　根據記載，早在西元541年到西元591年期間，古羅馬帝
國就曾發生過四次可怕的瘟疫。《聖徒傳》的作者兼歷史學
家約翰見證了第一次瘟疫，而教會歷史學家伊瓦格瑞爾斯則
親身經歷了這四次瘟疫。在第一次瘟疫中，古羅馬帝國的人
口減少了三分之一，在首都君士坦丁堡有一半以上的居民死
亡。

　　伊瓦格瑞爾斯記載道：「在有些人身上，它是從頭部開
始的，眼睛充血、臉部腫脹，繼而是咽喉不適，再然後，這
些人就永遠地從人群當中消失了。有些人的內臟流了出來。
有些人身患腹股溝腺炎，膿水四溢，並且由此引發了高燒。
這些人會在兩三天內死去。」

　　約翰的《聖徒傳》記敘得更為詳細，瘟疫流行時，到處
都是「因無人埋葬而在街道上開裂、腐爛的屍體」；四處都
有倒斃街頭、令所有的觀者都倍感「恐怖」與震驚的「範
例」。他們腹部腫脹，大張著的嘴裡如洪流般噴出陣陣膿水，
他們的眼睛通紅，手則朝上高舉著。屍體疊著屍體，在角落
裡、街道上、庭園的門廊裡以及教堂裡腐爛。「在海上的薄
霧裡，有船隻因其船員遭到了上帝憤怒的襲擊而變成了漂浮

在浪濤之上的墳墓」;「田地當中滿是變白了的挺立著的穀物,卻根本無人收割儲藏」;「大群已經快要變成野生動物的綿羊、山羊、牛以及豬,這些牲畜已然忘卻了耕地的生活以及曾經放牧它們的人類的聲音」。

在君士坦丁堡,死亡的人數不可計數,政府當局很快就找不到足夠的埋葬地了。「由於既沒有擔架也沒有掘墓人,屍體只好被堆在街上,整個城市散發著屍臭」。「有時,當人們正在互相看著對方進行交談的時候,他們就開始搖晃,然後倒在街上或者家中。

當一個人手裡拿著工具,坐在那兒做他的手工藝品的時候,他也可能會倒向一邊,靈魂出竅」。「一個人去市場買一些必需品,當他站在那兒談話或者數零錢的時候,死亡突然襲擊了這邊的買者和那邊的賣者,商品和貨款尚在中間,卻沒有買者或賣者去撿拾起來」。

陸地的墓地用完之後,死者就被葬於海中。大量的屍體被送到海灘上。成千上萬具屍體「堆滿了整個海灘,如同大河上的漂浮物,而膿水則流入海中」。雖然所有船隻穿梭往來,不停地向海中傾倒它們裝載的可怕貨物,但要清理完所有死屍仍然是不可能的。因此,查士丁尼皇帝決定採取一種新的處理屍體的辦法——修建巨大的墳墓,每一個墳墓可容納七萬具屍體。「由於缺少足夠的空間,所以,男人和女人、

年輕人和孩子都被擠在了一起，就像腐爛的葡萄一般被許多隻腳踐踏。接著，從上面又頭朝下扔下來許多屍體，這些貴族男女、老年男女、年輕男女以及小女孩兒和嬰兒的屍體就這樣被摔了下來，在坑底摔成碎塊」。「每一個王國、每一塊領地、每一個地區以及每一個強大的城市，其全部子民都無一遺漏地被瘟疫玩弄於股掌之間」。

約翰說：「用我們的筆，讓我們的後人知道，上帝懲罰我們的數不勝數的事件當中的一小部分，這總不會錯。也許，在我們之後的世界的剩餘歲月裡，我們的後人會為我們因自己的罪行而遭受的可怕災禍感到恐怖與震驚，並且能從中得到啟迪而變得更加明智，進而能將他們自己從上帝的憤怒以及未來的苦難當中解救出來。」

曾經有人說：「每當人類處於危險境地的時候或者是被歷史淘汰的時候，都是人類道德極端敗壞的時候。」古羅馬帝國的滅亡也是如此嗎？

但是，另外有一些學者古羅馬帝國是毀滅於鉛中毒。在發掘古羅馬貴族、王公的墓葬時，考古學家發現這些千年古屍的屍骨上常有一些十分奇怪的黑斑。經分析，原來這是沉積於骨骼中的鉛與屍體腐爛時產生的硫化氫生成的硫化鉛黑斑。

在攻佔古希臘後，古羅馬人發現，塗鉛的器皿不再像銅

器那樣會隨時間的推移而生出令人厭惡的綠鏽；如果把鉛粉加入古羅馬人愛喝的葡萄酒中，可以除掉酸味並使酒醇香甘美；把蜂蜜加到這類閃光的容器中加熱，還可以止瀉治病。

更讓古羅馬女性看重的是，鉛粉可以製成化妝品，能使女性的皮膚變得白皙細嫩，更為漂亮。於是，古羅馬女性樂此不疲，長期使用鉛來美白皮膚，使得鉛蓄積在骨骼和軟組織中、特別是腦中，導致人體生理功能下降，幼兒智能低下，行動異常。

蓄積在古羅馬人體內的鉛毒在下一代人中充分發揮了殺傷力。古羅馬特洛伊貴族35名結婚的王公有半數不育。其餘人雖能生育，但所生的孩子幾乎個個都是低能兒和癡呆兒。幾代以後，羅馬皇室就再也找不到嫡親的可以傳位的子女了。這樣，古羅馬帝國還能不衰亡嗎？考古學家經過大量的理化分析，證明歷史學家的論斷是有一定科學道理的。

是誰滅亡了印加帝國

● 西班牙人給印加帝國帶去的是福音和文明，

還是災難與毀滅？

在歐洲許多國家的眼裡，都認為是西班牙「發現」了美洲新大陸，並給當地帶去了文明和福音。然而在南美的祕魯人，卻說西班牙人帶來的並非文明和福音，而是屠殺、疾病、奴役和毀滅，不但如此，這些西班牙人還摧毀了一個偉大的文明。西班牙人摧毀的偉大文明是什麼呢？

在3000年前，被譽為「美洲的羅馬人」的印加人，創建了印加帝國，建造了世界上最偉大奇蹟之一的馬丘比丘，建設了全美洲當時最複雜的道路體系，還鑄造了無數堪稱傑作的黃金器物，並且在15世紀征服了整個安第斯山地區。

在沒有輪軸運輸工具，也沒有文字的情況下，印加成功地創造出高度的文明，在短短100年的時間裡，形成了人類歷史上組織最精細複雜的社會之一。然而，隨著流星一般地崛起，卻繼之是以更加快的速度衰落，印加留給後人的是太多的歷史謎團……

　　由於印加人崇拜太陽神，發掘了金礦，他們看到黃金發出的光澤與太陽的光輝同樣璀璨，因此特別鍾愛黃金，千方百計地聚斂黃金。他們國內所有的神廟和宮殿都使用了大量的黃金，大多數印加人都佩戴黃金飾品和收藏黃金。沒有想到的是，有關印加遍地黃金的傳說引起了殖民者的佔有慾望，為其印加帝國帶來了不幸的災難。

　　在印加帝國到了外拿卡巴克王統治時，開始了印加無與倫比的盛世，多拿卡巴克王死後，把印加帝國分為兩部分，傳於瓦斯卡爾和阿達瓦爾巴兩個兒子統治。1532年，兄弟反目，互不相讓和戰爭種下了自取滅亡的禍因。

　　「他們在太平洋上，乘坐浮水的大房子，擲出快如閃電、聲如雷霆的火團，漸漸靠近了。」正如預言所說，貓眼、尖鼻、紅髮、白皙的皮膚、蓄著鬍鬚的天使回來了，印加人甚至沒有抵抗，便獻出一座空城逃逸了。其實，他們錯了，這一批被誤認為神祇的人是西班牙征服者比薩羅和他率領的180名士兵。

　　比薩羅深知必須擒獲印加帝王的皇帝方可擄獲更多的金銀財寶，於是比薩羅和同來的西班牙籍神父商量後，邀請阿達瓦爾巴——印加皇帝前來卡薩瑪爾卡鎮，接受天使的蒙召。阿達瓦爾巴帶著2000名壯士，手無寸鐵地誠心接受召見，誰知竟然遭受監禁的命運。比薩羅囚禁了皇帝，便將所有珍寶

集中，並冷酷地殺死了國王，以除後患。

貪得無厭的比薩羅在殺死國王後，率兵前往印加首都庫斯科，企圖搜尋更多的寶藏。然而令訝異的是，在庫斯科城中，無論是宮殿、神廟都空無一物，連稱為「太陽的尼姑庵」中百位美女亦不知去向，整個庫斯科城成了一所死的世界。

究竟印加帝國的人們以及財富，何以霎時間消失得無影無蹤呢？至今仍令歷史學家們費思難解。

有一種說法是印加人民自知抵抗不過刀劍銳利、心思狠毒的西班牙人，於是用竹筏載滿國王的木乃伊和國內所有的金銀財寶，經向上天祈祝禱過後，把這些昂貴的寶物沉到250公尺深的喀喀湖中。

然而仔細思考，印加人擁有7萬騎精銳，難道不敢和180名西班牙人做殊死戰，而任由比薩羅橫行霸道，私下做大遷移，逃向不為世人知曉的高山中嗎？這似乎說不通。

然而，今日許多考古學家在綿延的安第斯山脈中，陸續發掘到許多印加帝國的遺跡，證明印加人確實曾經拋棄辛苦經營的帝國，而在蠻荒的山地中再建王國。

在瑪殊比殊地方，考古學家丙海姆發現了一個洞穴，兩邊排著雕琢極工整的石塊，可能為一陵墓。陵墓上是一座半圓形建築物，外牆順著岩石的天然形勢建造，契合的巨石間插不進一張紙，牆是用紋理精細的純白花崗岩方石砌成，匠

心獨具，頗有藝術價值。在這山上的墓穴中的骨骸，女性占絕大多數，從其中貴重的明器也表示她們是重要的人物。是否是當年「太陽的尼姑庵」中的美女被送到這裡，繼續為印加帝國祈禱呢？

由於印加人民沒有發明文字記載，使得遺留下來的問題更具神祕性。又有一班學者根據印加人的記錄，大膽推測當時印加帝國雖然擁有高度文明，但被突襲而來的恐怖瘟疫橫掃全國。

然而，就算是發生瘟疫，難道當時的西班牙人具有免疫力嗎？遺留下來的謎，疑雲重重，彷彿替古代印加帝國的神祕滅亡增添點點色彩。有沒有可能在西班牙人一入侵印加帝國，另一位國王瓦斯卡爾率領著數以百萬的印加人深入蠻荒的安第斯山中，以無比堅毅的信念與勇氣，在整座山上遍築藏身的棲息之所，於是一座座宏偉的建築物在隱祕的叢林中再現。

當他們養精蓄銳，打算再度恢復當年的印加勢力時，一場大瘟疫侵襲，殘存的印加人無力重振勢力，只得繼續逗留在叢林中，埋葬死者，消滅遺跡，為了避免再度引起紛爭，他們銷毀了高度的文明，企圖掩飾當年印加帝國的強盛⋯⋯眾說紛紜，謎團仍然是謎團。

火山下挖出的龐貝古城

● 一座火山毀滅了一座古城，一個文明。

類似的悲劇還會重演嗎？

　　1709年，一群工匠在離那不勒斯不遠處打造一口水井時挖出了不少大理石塊。這些石塊表面有著精緻的圖案，雕刻工藝讓人歎為觀止。

　　地下有寶貝的消息很快傳開，越來越多的人趕到這裡挖掘。不久，有人挖出一塊刻有「龐貝」字樣的大理石。人們這才知道，這就是古書中記載的龐貝古城，它是真實存在的。但是，這座古城當時怎麼會消失的呢？如今又怎麼會在地裡被挖掘出來呢？

　　龐貝古城，始建於西元前6世紀，位於義大利那不勒斯東南的維蘇威火山腳下，有古羅馬的「美麗花園」之稱。在這座面積達1.8萬平方公里的「花園」中生活著約2萬的居民，周圍繞著4800多米長的石砌城牆。

　　兩條筆直平坦的大街將全城分成9個城區，裡面小街小巷縱橫相連，路面用碎石鋪成；大街兩旁有人行道，街寬達

10米，鋪著整塊的大石板；十字路口雕花石砌的水池裡滿是清涼的泉水。

龐貝在西元前4世紀開始逐漸受到羅馬勢力的影響，西元前89年與赫庫蘭尼姆城一同併入羅馬。

當時羅馬的權貴和富豪們奢侈成風，他們在龐貝城興建豪華的遊樂場所和宅邸，使龐國城規模不斷擴大，街市日益繁榮，成為世界著名的大都市。

經濟的繁榮帶動了科學文化的發展，在同一時期，龐貝文明已經遠遠超過了還處於蠻荒時代的歐洲其他國家。然而，就在龐貝城達到繁榮巔峰時，它卻神祕消失了。曾經輝煌一時的龐貝文明遁跡於歷史長河中，留下的唯有一個個難解的謎團……

在1778年的考古挖掘中，考古學家們挖掘出了2000多具屍骨。當他們將石膏漿灌進已經乾枯了的屍體空殼製成石膏像時，驚訝的發現這些遇難者的面部表情都是痛苦絕望的。當年的龐貝遭受了什麼，讓整城居民無所遁逃而死於痛苦？考古學家對古城遺址、地質做了大量考察，推測古城的消失與離此不遠的維蘇威火山有關。於是，一個具有震撼力的災難場景推測出現了：

在西元79年8月，維蘇威火山不斷冒出股股白煙，已經出現火山爆發的前兆。8月24日中午，悶熱的天氣令人窒息。

突然，一團奇怪的雲從維蘇威山頂升起，太陽暗淡下來，接著一聲巨響，火山口揭蓋了！熔化的岩石攜帶著1000攝氏度的高溫衝出火山口，火紅色的礫石飛上7000米的高空。

火山灰、浮石、火山礫構成的「陣雨」在龐貝城下了8天8夜，接著是高熱水蒸氣形成的瓢潑大雨掃蕩了山頂的灰渣，渾濁的泥流沖湧而下。由於火山灰的遮蓋，天空變得一片黑暗，火焰顯得分外耀眼。

地震頻頻不斷，人們都不敢外出，因為那燃燒著火的碎石正像冰雹一樣從天上猛砸下來！火山爆發18個小時後，火山碎屑將整個龐貝城掩埋，最深處竟達19米，曾被譽為「美麗花園」的龐貝城一夜間消失了，只有火山岩漿冷卻後留下的一條一條像河流的長長焦土地帶，周圍一片死寂，靜寂得讓人生憂！

此後，維蘇威火山又有多次爆發。由於火山灰和熔岩的層層覆蓋，地下的古城被埋得更深，後人從地面上再也見不到古城的一點蹤跡。於是，龐貝古城漸漸成為神祕的傳說。

一直到18世紀，這個沉睡千年的古城才初現人間。經過長達100多年大規模的系統挖掘，龐貝城這座沉睡了千年的古城逐漸揭開了神祕面紗。在龐貝出土的一幅壁畫中寫到「沒有任何東西可以永恆」，可突如其來的災難在毀滅了龐貝的同時也使得當時的古城風貌得以永生。

正如偉大的詩人歌德所說：「在世界上發生的諸多災難中，還從未有過任何災難像龐貝一樣，它帶給後人的是如此巨大的愉悅。」

人們從這片遺址中驚喜地發現，富有表現欲的龐貝人在西元前6世紀至西元前8世紀中期，創造了空前的文明神話。

龐貝人對神極為崇拜，也不排斥外來的神，他們認為赫克力士是龐貝的創造者，維納斯則是龐貝的守護者。他們熱愛戲劇、繪畫、雕刻……龐貝不但是當時藝術的集中地，也是奢華的享受場所。

城裡遍佈著舒適先進的浴場，完整的供水系統將城外山上的泉水引入城中水塔，透過鉛製供水管再分流到城中各處。在十字路口一般設有帶雕像的石頭水槽，高近1米，長約2米，供市民飲用。

城內有3座公共浴室，每座用一個鍋爐統一燒水，再將熱水溫水分導到男女浴室。城西南有一個長方形廣場，專家們據殘存的巨大大理石圓柱和雕琢精美的拱門推測，原來這裡應該是全城的政治、經濟和宗教活動的中心。

龐貝城除了富麗堂皇的公共建築外，還有許多達官貴人的別墅。這些住宅大多為平房，但裝飾華美。粗大的大理石圓柱，光滑的大理石地板，色彩鮮艷的壁畫，以及豎在花園中的各種各樣精雕細刻的青銅和大理石雕像，無不瀰漫著古

羅馬式的奢華情調。

　　如今的龐貝城一派繁華，漫步在斷垣殘壁之間，從中能夠依稀看到當年古羅馬的繁榮和奢華。但是，人們禁不住會問，悲劇還會重演嗎？

　　因為維蘇威火山自龐貝城覆滅後，就從沒平靜過。專家預測，在最近200年間，維蘇威火山將會像近2000年前那樣大規模地爆發。若是如此的話，龐貝城莫非將會再次遭受滅頂之災？

神祕消失的亞特蘭提斯

● 城市的消亡，或者是因為地震，或者是因為火山，
而亞特蘭提斯的消失，竟然讓人無處可尋！

在梵蒂岡保存的古代墨西哥著作抄本和存留至今的墨西哥合眾國的印第安文明的作品中有著這樣的敘述：地球上曾先後出現過四代人類。

第一代人類是一代巨人，他們毀滅於饑餓。第二代人類毀滅於巨大的火災。第三代人類就是猿人，他們毀滅於自相殘殺。

後來又出現了第四代人類，即處於「太陽與水」階段的人類，處於這一階段的人類文明毀滅於巨浪滔天的大洪災。在梵蒂岡圖書館中迄今保存的另一批古代手稿中，對大洪水之前曾存在的人類文明也有所談及。

現代科學發現，在大洪災之前，地球上或許真的存在過一片大陸，這片大陸上已有高度的文明，在一次全球性的災難中，這片大陸沉沒在大西洋中。

而近一個世紀以來，考古學家在大西洋底找到的史前文

明的遺跡，似乎在印證著這個假說。在民間的說法中，人們把這片陸地叫做「大西洲」，把孕育著史前文明的那個國度叫做「大西國」。其實，科學界早就給這片神祕消失的大陸命名了，那就是沿用了柏拉圖提出的名字：亞特蘭提斯。

　　柏拉圖在他的著作《對話錄》中，記錄著由門生柯里西亞斯所敘述的亞特蘭提斯的故事。他曾在對話中三次強調亞特蘭提斯的真實性。故事他的曾祖父從一位希臘詩人索倫（西元前約639~西元前559年）那兒聽到的。

　　索倫是古希臘七聖人中最睿智的。索倫在一次埃及之旅時，從埃及老祭師處聽到亞特蘭提斯之說。《對話錄》中的記載大意是這樣的：「在地中海西方遙遠的大西洋上，有一個以驚異文明自誇的巨大大陸。大陸上出產無數的黃金與白銀，所有宮殿都由黃金牆根及白銀牆壁的圍牆所圍繞。宮內牆壁也鑲滿黃金，金碧輝煌。在那裡，文明的發展成度令人難以想像。有設備完善的港埠及船隻，還有能夠載人飛翔的物體。它的勢力不止局限於歐洲，還遠及非洲大陸。」

　　柏拉圖在兩千年前述說的這個島嶼令許多人為之嚮往，但沒有人能提出有力的證據證明亞特蘭提斯確實存在過。因為亞特蘭提斯消失在一場火山爆發的大地震及洪水之後，頃刻之間便永遠沉入了海底。

　　根據柏拉圖的記述，由於亞特蘭提斯的文明程度極高，

國勢富強，漸漸社會開始腐化，貪財好富，利慾薰心，遂發動征服世界的戰爭。但遇到強悍的雅典士兵，吃了敗仗。亞特蘭提斯這種背棄上帝眷顧的行為，導致天神震怒，因而喚起大自然的力量，消滅了這個罪惡之地。

1958年，美國一位動物學家范倫坦博士在巴哈馬群島附近海床上發現奇特的地形結構。從空中往下看這些幾何圖形是一些正多邊形、圓形、三角形，還有長達好幾英里的直線。

1968年，范倫坦博士又在巴哈馬群島的北比密尼群島附近海域發現位於海面以下5公尺左右，長達540公尺的矮牆，突出海底約90公分的「比密尼石牆」。每個石塊至少16立方英尺，順著探測下去，竟然發現更複雜的結構，有幾個港口，還有一座雙翼的棧橋，儼然是一個沉沒幾千年的古代港口。由於巴哈馬的海域是屬於下沉地形，因此引起了不少的猜測。是否是亞特蘭提斯人建造的，沒有其他證據輔證而仍不得而知。轟動一時的石牆事件仍是一個沉睡海底的謎。

亞特蘭提斯滅亡的傳說一直都歸咎於火山爆發、洪水及地震。但這一些災難真的能在一晚之間令這個擁有高度文明的大城市消失得無影無蹤嗎？現今的地球物理學家認為這類災難並不足以在四十八小時內把一個大陸摧毀於無形。因此，有一些其他災難的學說支持亞特蘭提斯被毀。其中，在星球相撞說之中提出亞特蘭提斯的滅亡可能與一場全球性的災難

有關。

有人認為亞特蘭提斯可能就是克里特島上延續到西元前1400年的邁諾斯文明。當時克里特帝國勢力強大，控制古代地中海一帶。

西元前1407年左右發生了一次火山大爆發，繼而發生海嘯和地震。近年考古學家在聖多裡火山遺址中發現了大量邁諾斯人的文物，這一說法就受到更多的支持了。

邁諾斯文化與亞特蘭提斯的高度文明有很多相似的地方，例如，聖多里尼的形狀與柏拉圖所描述的亞特蘭提斯都是環狀的，而且都有高度文明，最後聖多里尼的火山猛烈爆發亦解釋了它的滅亡原因。

但如果這一種說法成立，最起碼柏拉圖的說法有幾個錯誤。包括這一個地方的位置，它的規模以及毀滅的年份。所以，也有人懷疑邁諾斯文明的存在。

看來，亞特蘭提斯究竟在哪裡？到底是怎麼消失的？答案仍然未解開。

馬雅文化：失落的高度文明

● 在古代世界文明史上，馬雅文明似乎是從天而降，

　在最為輝煌繁盛之時，又突然消失。

　　16世紀中葉，西班牙殖民主義者順著哥倫布的足跡踏上中美土地，來到了馬雅部落。馬雅人委派通譯者佳覺，向西班牙第一任主教蘭多介紹了自己的文明。

　　蘭多被馬雅典籍中記載的事情嚇壞了，認為這是「魔鬼做的事」，於是下令全部焚毀。經過這番浩劫之後，馬雅主人一下子神奇地失蹤了，他們燦爛的文化也隨之成了謎。

　　馬雅人崇信太陽神，他們認為庫若爾甘（即帶羽毛的蛇）是太陽神的化身。他們在庫若爾甘神廟朝北的台階上，精心雕刻了一條帶羽毛的蛇，蛇頭張口吐舌，形象逼真。蛇身卻藏在階梯的斷面上，只有在每年春分和秋分的下午，太陽冉冉西墜，北牆的光照部分，棱角漸次分明，那些筆直的線條也從上到下，交成了波浪形，彷彿一條飛動的巨蟒自天而降，透迤遊走，似飛似騰，這情景往往使馬雅人激動得如癡如狂。

　　類似的奇觀還出現在南美叢林。這種融天文知識、物理

知識、建築知識於一體所造成的藝術幻覺，即使用現代水準來仿製，也是非常困難的。

馬雅文明中最令人稱奇的是天文、曆法。馬雅人的天文台常常是一組建築群，其中最負盛名的是奇欽伊查天文台。

奇欽伊查天文台是馬雅文化中唯一的圓形建築物。一道螺旋形的梯道通向三層平台，頂上有觀望星座的天窗。從上層北面視窗厚達3米的牆壁所形成的對角線望去，可以看到春分、秋分落日的半圓；而南面視窗的對角線又正好指著地球的南極和北極。

奇怪的是，他們天文台的觀察窗並不對準夜空中最明亮的星星，卻對準肉眼根本無法看見的天王星和海王星。我們知道，天王星是1781年由赫歇爾發現的；海王星是1846年由柏林天文台發現的。千百年前，馬雅人怎麼知道它們的存在呢？

這些都不能不使人產生深深的疑問：古代馬雅人是怎麼得到那高深知識的？燦爛的馬雅文化究竟是怎樣產生的，後來又怎樣銷聲匿跡的？

1952年6月5日，人們在墨西哥高原的馬雅古城帕倫克一處神殿的廢墟裡，發掘出了一塊刻有人物和花紋的石板。當時人們僅僅把這當做是馬雅古代神話的雕刻。但到了20世紀60年代，人們乘坐太空船進入太空後，那些參與過宇航研究

的美國科學家們才恍然大悟：帕倫克那塊石板上雕刻的原來是一幅宇航員駕駛著宇宙飛行器的圖畫。

雖然經過了圖案化的變形，但太空船的進氣口、排氣管、操縱桿、腳踏板、方向舵、天線，軟管及各種儀錶仍清晰可見。這幅圖畫的照片被送往美國航太中心時，那些宇航專家們無不驚歎，一致認為它就是古代的宇航器。這似乎令人難以置信，卻是確鑿的事實。

於是，有些學者提出了一種大膽的看法：在遙遠的古代，美洲熱帶叢林中可能來過一批具有高度文明的外星智慧生命，他們走出飛船，教給了尚在原始時代的馬雅人各種先進知識，然後又飄然而去。他們被馬雅人認為是天神。

馬雅文化中那些令人難以理解的高深知識，就是出於外星人的傳授。帕倫克石板上的雕刻也是馬雅人對外星宇航員的臨摹。外星人離去時，曾向馬雅人許諾重返地球，但在馬雅人的追求祭司預言天神返回的日子裡，這些外星人並未重新返回。於是，這導致了馬雅人對其宗教和祭司統治的信心喪失，進而引起了整個民族心理的崩潰，終於使人們一個個離開故鄉，各自走散。馬雅文化就這樣消失了。

也許人們會指責這種看法帶有過多的假說意味，但即使否定了這種說法，也仍然無法圓滿地解釋馬雅文化那神祕的內涵。那麼，眾多令人不可思議的奇蹟，以及它突然消失的原因到底是什麼呢？

復活節島文明來自何方

● 島上遍佈著巨大石雕,奇形怪狀的長耳朵,
一副冷漠的神情,是誰建造了它們呢?

　　在煙波浩淼的南太平洋上,有一個面積僅117平方公里
的小島——智利的復活節島。復活節島是地球上最孤獨的一
座島嶼,它離太平洋上的其他島嶼也相當遙遠,離它最近的
有人居住的島嶼是皮特克恩島,遠在西邊2000公里處。

　　1722年復活節的下午,荷蘭人羅格溫率領一批歐洲水手
首次登上這座孤懸於太平洋上的小島時,他幾乎不敢相信自
己的眼睛:島上遍佈著數以百計的巨大的石雕像,都長著奇
形怪狀的長耳朵,一副冷漠的神情,從正面、側面以及各個
不同的角度看著你,使人不寒而慄……但是,建造如此多巨
人石像的那個神祕民族後來到哪裡去了呢?

　　復活節島以其石雕像而馳名於世。島上約有1000座以上
的巨大石雕像以及大石城遺跡。它們或臥於山野荒坡,或躺
倒在海邊。其中有幾十尊豎立在海邊的人工平台上,單獨一
個或成群結隊,面對大海,昂首遠視。

這些無腿的半身石像造型生動，高鼻梁、深眼窩、長耳朵、翹嘴巴，雙手放在肚子上。石像一般高5～10米，重幾十噸，最高的一尊有22米，重300多噸。有些石像是頭頂還帶著紅色的石帽，重達10噸。

這些被當地人稱作「莫埃」的石像由黝黑的玄武岩、凝灰岩雕琢而成，有些石像還用貝殼鑲嵌成眼睛，炯炯有神。

經科學家考察，認為島上存有三個文化期。令人不解的是，島上這些石像是什麼人雕刻的呢？它象徵著什麼呢？人們又是如何將它們從採石場運往幾十公里外的海邊呢？

一種說法是這些石像是島上人雕刻的，他們是島上土著人崇拜的神或是已死去的各個酋長、被島民神化了的祖先，同意這種說法的人比較多。但是有一部分專家認為，石像的高鼻、薄嘴唇，那是白種人的典型長相，而島上的居民是波利尼西亞人，他們的長相沒有這個特徵。耳朵長，哪種人也不像。

此外，島上的人很難用那時的原始石器工具來完成這麼大的雕刻工程。有人測算過，在2000年前，這個島上可提供的食物最多只能養活2000人，在生產力非常低的石器時代，他們必須每天勤奮地去尋覓食物，才能勉強養活自己，他們哪裡有時間去做這些雕刻呢？況且，這種石雕像藝術性很高，專家們都對這些「巧奪天工的技藝」讚歎不已。即使是現代

人，也不是每個人都能做得了的，誰又能相信，石器時代的波利尼西亞人個個都是善於雕刻的藝術家呢？

還有一種說法是，石像不是島上人雕刻的，而是比地球上更文明的外星人來製作的。他們為了某種目的和要求，選擇這個太平洋上的孤島，建了這些石像。這種說法更離奇。為雕刻這些石像，島上丟棄了許多用鈍了的石器工具，誰會相信，比地球人更文明的外星人會用這些原始的石器工具來完成這批雕像作品呢？

另外還有一種說法，考古學家根據復活節島上居民的語言特徵，認為復活節島人最初是從波利尼西亞的某個群島上遷移過來的。波利尼西亞人又來自何方呢？曾經有人認為他們來自南美洲。

現在，更多的科學家認為波利尼西亞人來自亞洲東南部。古代的亞洲人從東南亞出發，經過漫長的歲月，途經伊里安島、所羅門群島、新赫里多尼亞島、斐濟群島等島嶼，最後約於西元4~5世紀到達復活節島。

波利尼西亞人到達復活節島後，也將雕琢石像的風俗帶到復活節島上，並由於多種原因雕琢石像之風愈演愈烈。科學家們還認為，大約在1650年，復活節島上的兩大集團——肥人和瘦人發生激戰。

被迫從事石像雕琢工作的瘦人起義，並採用迂迴戰術，

突然襲擊肥人，將肥人全部消滅。於是，石像雕琢工作也就中途停了下來。

有關復活節島的石人像，種種說法很多。直到今天，還沒有得出一個使大家信服的、科學而又圓滿的解釋。

邁錫尼文明難題

● 荷馬史詩中「多金的」邁錫尼是否真的存在？
邁錫尼真的是黃金遍地嗎？

邁錫尼文是希臘青銅時代晚期的文明，它由伯羅奔尼薩斯半島的邁錫尼城而得名。

約西元前2000年左右，希臘人開始在巴爾幹半島南端定居。從西元前16世紀上半葉起逐漸形成一些奴隸佔有制國家，出現了邁錫尼文明。

邁錫尼文明是希臘本土第一支較為發達的文明，西元前17世紀中期至西元前12世紀盛極一時。古希臘神話和荷馬史詩中都講到邁錫尼國家的情況，邁錫尼國曾向外擴張，其君王阿伽米農曾率領希臘聯軍渡海遠征特洛伊，侵入小亞細亞西南沿海一帶，特洛伊戰爭正是邁錫尼人與特洛伊人爭奪海上霸權的一場交鋒。

邁錫尼雖然取得了特洛伊戰爭的勝利，但不久便被南下的強悍民族多利亞人所征服，從此邁錫尼文明急劇衰亡，希臘倒退到沒有文字記載的史前社會時期。邁錫尼文明也逐漸

被人們淡忘。直到19世紀德國考古學者謝里曼在邁錫尼遺址發掘出眾多王族墓葬及豐富金銀飾物之後，邁錫尼文明及其歷史地位始得到肯定。

在《伊利亞特》和《奧德賽》中，荷馬多次提到「人間王」阿伽門農的首都邁錫尼，而且每次提及這一城市，都要加上「多金的」這一詞來形容它。在荷馬的筆下，邁錫尼似乎是一座黃金遍地的城市。

邁錫尼的遺址建築在一個高丘上，城堡的堡牆以巨石環山建成，大門上有雙獅拱衛一柱石刻，被稱為「獅子門」。據考古證明，它建於西元前1300年左右。

它的門兩側的城牆向外突出，形成一條過道，加強了城門的防禦性。「獅子門」寬3.5米，高4米，門柱用整塊石頭製成；柱子上有一塊橫梁，重20噸，中間厚兩邊薄，形成一個弧形，巧妙地減輕了橫梁的承重力。

橫梁上面裝飾有三角形的石板，石板上雕著兩隻獅子，獅的前爪搭在祭台上，形成雙獅拱衛之狀，威風凜凜地向下俯視著。門口的階梯也用整塊的岩石鋪成，上面還殘留有戰爭的輪轍。雖然邁錫尼城堡已成廢墟，但這個莊嚴肅穆的城門，歷經3000年的風吹雨打依然巍然屹立，威風不減當年。

1939年起，由希臘考古學家帕巴德米特里領導的希臘考古學會和英國考古學家韋思領導的考古隊共同對邁錫尼遺址

進行發掘，發掘工作斷斷續續進行了幾十年，奇蹟還在不斷出現，人們對邁錫尼文明的瞭解也更加深入、全面。

邁錫尼的圓頂墓是相當宏偉的石構建築，最大的圓頂墓稱為阿特柔斯王（阿伽米農之父）的寶庫，高13.2米，用巨石疊澀砌成，墓門的一塊楣石竟重達120噸。邁錫尼的陶器和工藝品也有自己的風格，除吸收米諾斯文明的因素外，還具有強勁粗放的特色。

豎穴墓中的隨葬品，如金質的面具、角杯、指環、金銀鑲嵌的刀劍等，都是古代工藝的傑作。圓頂墓已全部遭盜掘而極少遺存，但瓦孚墓中殘存的兩只金杯極為生動精美，以浮雕表現捕捉林中野牛的情景。

邁錫尼的線形文字「B」的發現，給傳奇性的邁錫尼考古又增添了新的魅力。線形文字「B」如今已釋讀成功，使我們對邁錫尼社會的奴隸制度和高度發達的社會經濟有了進一步的瞭解。

從各地發現的泥板文書上瞭解到，該文明的社會經濟情況與古代東方的奴隸制王國相接近。泥板中還有日後希臘神話中常可見到的天神如宙斯、赫拉、雅典娜、阿波羅的名字，表明該文明與其後的希臘文明存在一定的繼承關係。

邁錫尼墳墓和王宮遺址的成功發掘，使世人看到了一個湮沒已久的輝煌的文明，證實了荷馬史詩中「多金的」邁錫

尼的存在。

邁錫尼考古的進行，使荷馬的優美的詩句又一次迴響在邁錫尼的廢墟中，堙沒已久的邁錫尼文明在一代又一代考古學家的努力下，向人們展現了輝煌燦爛的面目。「多金的」邁錫尼成了考古史上繼特洛伊之後的又一個傳奇。

空中花園何處尋

● 空中花園是一個奇蹟，它的美麗是許多人都嚮往的，
可是它究竟建在哪裡呢？

「空中花園」是一個美麗的傳說，透過一些古蹟發掘，
人們相信，在遠古時代的巴比倫王國，有一座美麗的「空中
花園」，可誰又知道，這座花園連同它的傳說的背後，是一
個又一個的不解之謎。

相傳在西元前6世紀，尼布甲尼撒二世娶了一個寵妃，
名叫塞米拉米斯。她生於長於米底（今伊朗高原西部）。那
裡重巒疊嶂起伏，與巴比倫尼亞的一馬平川迥然不同。這位
來自異國他鄉的公主每每想起故國的山川美景，總是不由得
低頭垂淚，娥眉緊鎖。國王不忍心看著心愛的王妃鬱鬱寡歡，
費盡周折終於猜透了她的心思。於是，國王下令仿照王妃故
鄉的模樣，在巴比倫宮的西北角建了一座階梯花園。這，就
是他們的愛情堡壘、流傳至今的「空中花園」。

這座林木茂密、花卉盛開的高台懸在空中，遂以空中花
園得名。它與金字塔等齊名，共為世界七大奇蹟。由於年代

久遠早已傾圮，後世只能從古希臘歷史學家希羅多德的描述和其他古代記載中得知空中花園的一些詳情。

1899年，德國人羅伯特·科爾德維經過一番發掘，發現了一些古蹟，因此自稱發現了「空中花園」，從此，世界考古學界沸騰了。圍繞「空中花園」的學術爭論，紛紛擾擾，喋喋不休。

大多數學者認為，「空中花園」是確實存在的，因為古希臘和古羅馬時代的許多歷史著述中都有關於它的記載。比如，西元前1世紀中葉西西里島歷史學家狄奧多魯斯，以及50年後在羅馬皇帝奧古斯都在位時代著有《地理學》一書的斯特拉波，都曾先後描寫過「空中花園」的情形。在今天伊拉克的首都，還有一座根據傳說而復原的「空中花園」。

也有學者予以反駁。這些人指出：不少在自己著作中提及「空中花園」的古人，也僅僅只是從別人口中間接聽到「空中花園」的情況，並沒有親眼目睹過實物。事實上，流傳至今的有關「空中花園」的記載，確實也幾乎都是出自古希臘、古羅馬作家及歷史學家之手。更讓人不解的是，建立了豐功偉績、名揚四鄰的尼布甲尼撒二世，流傳下來的詔令與書寫板無數，但世人卻從中無論如何也找不到有關「空中花園」的片言隻語。

於是，有人得出了驚人結論：「空中花園」是詩人和古

代歷史學家的想像力製造出來的一大世界奇觀。「空中花園」
到底存在否？如果存在，它究竟身在何方？

也許，「空中花園」確實存在過，但它並非位於巴比倫
城。尼尼微古城遺址的發掘，似乎在暗示我們應該換一個角
度來思考。在尼尼微宮廷浮雕中，有一幅名叫《尼尼微空中
花園》的浮雕，上面的景致印證了古典作家對巴比倫「空中
花園」的描述。

亞述帝王辛那赫里布留下的詔令中，提到他在尼尼微興
建花園一事，而且他把流經尼尼微城的底格里斯河水引入花
園灌溉花草樹木。有人認為，這種空中花園實際上是亞述園
林設計師為亞述宮廷設計的王家園林。它利用天然山丘或人
工堆砌的山丘，種植各種名貴樹木、奇花異草，供國王遊樂
散心之用。稱這種山丘式的花園為「空中花園」，也並非讓
人感覺突兀。也有一些記載提到了「空中花園」，但是認為
與尼布甲尼撒無關，而是一位敘利亞國王取悅他的一個愛妃
的產物。

隨著時間的流逝，也許有關「空中花園」的傳說，將永
遠是一個美好的傳說，它的確切之處也許根本無法知曉，也
許它並不存在於某個特定的地方。但是，「空中花園」的美
好畫面和無限的想像將永遠留在人們的腦海中，它是美的象
徵，也是古人智慧的代表。

神奇的羽蛇城

● 你見過雕塑上的蛇會動嗎？

羽蛇城的蛇身雕塑就有這種神祕功能。

奇琴伊察古城位於墨西哥尤卡坦半島北部梅里達城東120公里處，素有「羽蛇城」之稱。

奇琴伊察古城最早建於432年，西元11～13世紀時，城市發展達到頂峰，是古代中美洲馬雅文明的三大城市之一。西元15世紀，這座城市被廢棄。在歷經了短暫輝煌之後，奇琴伊查神祕地湮沒在中美洲的蓊郁叢林之中，這也使得它因此成為世界上最具吸引力的古代文明遺跡之一。

現在的奇琴伊察古城遺址是其後期的建築。遺址占地5平方公里，南北長3公里，東西寬2公里，有各種建築數百座，是古馬雅文化的著名遺址。保存至今的建築有金字塔神廟、千柱廳、球場、天文觀象台等遺跡，其中最著名的建築是建於987年的庫若爾甘金字塔和武士神廟。

庫若爾甘金字塔由塔身和神廟兩部分組成，因祭祀奇琴伊察主神庫若爾甘而得名。「庫若爾甘」在馬雅語中意為「帶

羽毛的蛇神」，即羽蛇神。

羽蛇神是馬雅眾神之首，受到馬雅農民和中美洲各民族的崇敬和信奉。羽蛇神金字塔高30米，四方對稱，底大上小，四邊棱角分明。底層呈長方形，向上逐層縮小至梯形平台，上下共9層，最上層為羽蛇神神廟。

廟內安放一紅色美洲豹雕像，豹身鑲有晶瑩閃光的綠松石及其他顏色的玉石片。塔身四面有台階通向塔頂，每面台階各為91級，加上最高層一共365級。台階數代表了馬雅太陽曆的一年天數。

另外，52塊有雕刻圖案的石板象徵著馬雅日曆中52年為一輪回。金字塔底部雕有一個羽蛇神頭像，而蛇身則隱在金字塔的階梯斷面內。

羽蛇神金字塔裡，充滿了與水相關的象徵物，特別是各種波浪圖形和許多精美的石雕貝殼，這是因為羽蛇神是當時人們最重要的司雨神。在這座金字塔北面邊牆下端，雕有兩個石質的帶著羽毛紋飾的蛇頭，蛇頭高143米，長180米，寬107米，蛇嘴裡吐出一條長16米的大舌頭。

羽蛇城神金字塔裡的蛇身雕塑不是一般的雕塑，它裡面存在著玄機，是一種奇特的現象。

在春分、秋分之日的下午，可以看見塔上的蛇影。夕陽西下之時，從某個特定角度望去，人們就可以看見蛇頭投射

在地上的影子與7個等腰三角形的影像連套在一起，從上到下，直到蛇頭，形成波浪形的長條，猶如一條巨蛇從塔頂游向大地，使人恍見甦醒的羽蛇神爬出廟宇，直到太陽落山，這條巨蛇才漸漸消失。

每一次，這個幻像都是持續整整3小時22分鐘，分秒不差。這就是奇琴伊察特有的「光影蛇形」的神祕景觀。

從「光影蛇形」的景觀可以看出，當時的馬雅人已掌握了精密的計算技術和天文知識，但他們卻把這一奇景看做是羽蛇神從天而降，賜予他們太平盛世的吉兆。

馬雅人的神奇無處不在，羽蛇城的更多祕密還有待於後來人繼續考察。

古代也有電池

● 電池不是現代社會的專利，古代人也學會了蓄電。

　　在巴格達伊拉克博物館的藏品中，有一隻簡陋的小陶罐，外觀雖不起眼，卻被譽為考古學領域最令人驚訝的發現之一。因為儘管已有大約兩千年歷史，但以陶罐內裝的所有物質及其製作意圖來判斷，這只陶罐卻像是一個電池的外殼。

　　眾所周知，世界上第一個電池是義大利科學家伏特在1800年發明的，電池是人們發明的第一種電源，電池的發明為人類利用電能打開了大門。

　　可是，二十世紀的一項考古發現卻使一些科學家相信，早在伏打電池發明以前十幾個世紀，人們就已經製成了電池，並利用這種電池進行電鍍。也就是說，巴格達電池的發現把電池的發明推早了2000多年。這種說法可信嗎？

　　1936年，在伊拉克首都巴格達附近，偶然發現了一個古墓。經過發掘，發現裡面的東西是西元前3世紀的波斯王朝時代的遺物。在許多文物中，最引起人們興趣的是一些陶器、銅製圓筒和鐵棒組成的零件。陶器長15公分，像一個小花

瓶。銅製圓筒用瀝青固定在陶器的底部，並且還有一層瀝青。圓筒高9公分，直徑2.6公分。在銅製圓筒中有一根鐵棒，鐵棒的一端高出絕緣層約1公分，另一端不連接圓筒的底座，而是豎在3毫米厚的瀝青上。這看上去像一組化學儀器。

經過當時擔任伊拉克博物館館長的德國考古學家威廉‧卡維尼格鑑定，陶製器皿是一個古代化學電池，只要加上電解液，電池就能放電。

另一位德國考古學家艾切勃列希特博士透過實驗進一步證實了卡維尼格的論斷，他精心製作了這些陶器、銅製圓筒和鐵棒的模擬品，並按原來形式級裝起來。他在銅製圓筒裡倒進了剛榨出的葡萄汁，然後測量銅和鐵兩端的電壓，結果測出每個電池能產生0.15伏特的電壓。

古代人發明這種電池有什麼用途呢？艾切勃列希特透過另一個試驗做了回答。他把一座小的銀子塑像浸入金鹽溶液中，一頭懸掛起來，作好吊鍍的準備。然後再把幾組古老電池複製品串聯起來作為電鍍的電源。2小時後，銀子塑像上鍍上了一層閃閃發光的金層。艾切勃列希特認為，給神像鍍金是這種古老電池的一種用途，至於其他的可能用途，目前還弄不清楚。

古老電池的發現引起了世界各國科學家的興趣。美國的科學家也仿製了這種古老電池，並以古代已經被發現的電解

質（5%濃度的醋、葡萄酒、硫酸銅等）作為電解質，進行試驗，結果均得到能持續十幾天的電池電壓。這說明古代電池作為一個電池工作得相當出色。

由於時間的流逝，古代的電學實驗究竟做到了何種程度，我們可能永遠也無法弄清楚。而且，作為當時的一種先進技術，古代伊拉克的工匠們也會將其妥加防範，電鍍的祕訣肯定是祕不外傳的寶貴財富，或許從未以簡潔易懂的文體見諸於文字。

好在伊拉克還有數百個墳塚未曾發掘，博物館中也有數千塊泥板，泥板上涉及科學的文字在等人翻譯。或許透過進一步的發掘研究，古代電池可能會給我們帶來驚喜，讓我們瞭解古人所掌握的電學知識及其涵蓋範圍。

神祕的諾亞方舟

● 諾亞方舟拯救了人類，可是它最後停在了哪裡呢？

　　《聖經》這樣記載了諾亞方舟的故事：遠古時期，神創造了天地，最後創造了人。但是，隨著人類的增加，人犯下了許多使神不能容忍的罪孽。

　　為了懲罰墮落的人類，上帝決定製造一次史無前例的大洪災，使地上的人類滅絕，重新創造一個新的世界。當時有個叫諾亞的人，心地善良。神決定只救出他和他的家屬，於是命令諾亞用歌斐木製作一條方舟。除了他的家屬外，另可搭乘雌雄各七隻的鳥、野獸等一切活的動物。

　　方舟的體積，長一百二十五米，寬二十二點五米，高十六米，共三層。大小相當於現代一萬五千噸級的船。方舟製成後，諾亞及其家屬還有一些動物乘上了船。不久，天上下起雨來。連續下了四十天，地上的一切都被水沖走了。

　　水一直漫到高山的山頂，除了乘在諾亞方舟上的生命之外，全都死亡了。雨停後，諾亞方舟在汪洋中飄浮了整整7天，最後停泊在阿拉臘山脈。

　　諾亞方舟是真的存在，還是純屬虛構？在土耳其東部有一座海拔5000多米的高山，名叫阿拉臘山。據基督教《聖經》載，大洪水後諾亞方舟即停於阿拉臘山。

　　諾亞方舟是不是停在阿拉臘山？過去雖有不少方舟被發現的傳言出現，但都僅止於傳言。諾亞方舟真的是一個不解之謎。

　　為了解開諾亞方舟之謎，許多人對阿拉臘山展開了探索研究。解之謎是不是停在阿拉臘山？1949年，俄國飛行員羅斯科維斯基拍下了第一張諾亞方舟的照片，照片中顯示，一個模糊的暗色斑點出現在山頂厚厚的冰層下，因而不少專家懷疑那就是《聖經》中記載的「諾亞方舟」。

　　然而，由於阿拉臘山地勢險峻，當地居民長期處於封閉狀態，所以半個多世紀以來，關於「諾亞方舟」的猜想仍然是一個謎。

　　1957年，土耳其幾名空軍飛行員駕駛飛機考察阿拉臘山頂，發現這個物體呈船型，這更引起了各國考古學家的濃厚興趣。後來，美國衛星圖像分析專家波爾謝·泰勒也開始關注這個被稱為「阿拉臘山奇觀」的神祕物體。他花了幾年時間，收集了大量衛星成像圖片，並對它們進行分類，終於發現這是一個長180多米的龐然大物，不過他也不知道它究竟是什麼東西。

事實上，自從這些神祕的物體被發現之後，半個多世紀以來，有許多探險家都曾經來到阿拉臘山，試圖揭開「諾亞方舟」的祕密。但是阿拉臘山惡劣的地理環境為考察工作帶來了許多困難，山裡的土著居民們更是視這些神祕的山丘為神靈。他們深信「諾亞方舟」的存在，因而世代以來，從不願意向外來的人們透露有關這些山丘的祕密。

儘管聖經上所記載的「諾亞方舟」就位於土耳其的這些群山之間。但是，這些方舟狀的神祕物體究竟是不是「諾亞方舟」曾經存在過的證明，人們還有很多的猜測。有人說這是「諾亞方舟」的化石，有人說這是「諾亞方舟」留下的印痕，當然，也有人不以為然，認為這些外形奇特的山丘不過是大自然的傑作。

不管《聖經》記載的諾亞方舟是真是假，它都為我們留下一些謎團，至少現在的人們無法解釋。

巴比倫通天塔之謎

● 巴比倫矗立的通天塔直衝雲霄，

是否真的有神在上面住過呢？

　　在現在中東伊拉克首都巴格達城以南約100公里幼發拉底河沿岸的巴比倫，5000多年前曾矗立著一座無比壯麗的巴比倫通天塔。它堪與埃及著名的金字塔媲美，形狀也有幾分相似。

　　塔基用巨大的石頭築砌成7層台階，一層疊疊一層，一階高出一階，高度近百米。在高聳入雲的頂上，還建有宏偉的廟宇……據說，它是天上諸神前往凡間住所途中的踏腳處，稱得上是天路的「驛站」或「旅店」。

　　巴比倫古城裡最早的巴比倫通天塔，在西元前689年亞述國王辛赫那里布攻佔巴比倫時就破壞了。新巴比倫王國建立後，尼布甲尼撒二世下令重建通天塔。他命令全國不分民族、不分地區都要派人來參加修塔。

　　尼布甲尼撒下令重建的巴比倫通天塔共有7層，總高90米，塔基的長度和寬度各為91米左右。在高聳入雲塔頂上，

還建有壯觀的供奉馬都克主神的神殿，塔的四周是倉庫和祭司們的住房。

5000多年以前，世界上多數民族還處於是茹毛飲血的蒙昧時代，在底格里斯河和幼發拉底河之間竟然豎立起如此氣勢磅礴、巍峨雄偉的通天塔，不能不令人歎為觀止，更不能不使當時的見聞者作非分之想。遺憾的是，巴比倫塔如今剩下的僅僅是一塊長滿了野草的方形大地基的殘跡了。

透過有關的零星記載和片言隻語以及神話傳說，人們依稀知道，昔日的巴比倫通天塔，可與列為世界古代七大奇蹟之一的「空中花園」齊名，它們一起被視作5000年前美索不達米亞城鼎盛時代的標誌。但是，像空中花園現已蕩然無存的厄運一樣，巴比倫通天塔經歷過歷次的洗劫，也只留下一片廢墟。那巨大的方形地基上長滿野草，巴比倫昔日的燦爛文明已「難認前朝」了。

巴比倫通天塔既是世界上著名的古代奇蹟，也是一個長期不解的謎團。幾千年來人們一直都沒有發現巴比倫通天塔的遺跡，有人認為它不過是個神話。

1899年3月，一批德國考古學家，在今天巴格達南面50多公里的幼發拉底河畔，進行了持續10多年之久的大規模考古發掘工作，終於找到了已經失蹤兩千多年，由尼布甲尼撒二世在西元前605年改建後的巴比倫古城遺址。

後來考古學家在古巴比倫遺址上發現了一個由石塊、泥磚砌成的拱形建築廢墟，中間有口正方形的大井。開始考古學家以為這是空中花園的遺址，直到後來在附近出土了一塊記載了通天塔的方位和式樣的石碑，才知道這就是通天塔的塔基。

西元前1234年，通天塔被攻佔巴比倫的亞述人摧毀。後來新巴比倫的尼布甲尼撒二世曾重建該塔，但他去世後，巴比倫又漸漸衰落。西元前484年，通天塔再次毀於戰火。雖然人們如今已基本復原了它的外觀，然而整體的設計和結構仍是一個謎。

巴比倫通天塔和美索不達米亞其他廟塔一樣，都用磚構築，原因是當地缺乏良好的岩石。為使廟塔的巨牆外觀不至於顯得單調，工匠們聰明地建造了高大的斜橋和斜形階梯，再用支墩作裝飾，把巨大平面的牆巧妙地分成了有變化的幾段。從現代的建築技術的角度來看，這種巨大立面的處理手法是十分高明的，很合乎建築藝術的法度。

人們普遍認為，「巴比倫」塔是一座宗教建築。在巴比倫人看來，巴比倫王的王位是瑪律杜克授予的，僧侶是瑪律杜克的僕人，人民需要得到他的庇護。為了取悅他，換取他的恩典，保障國家城市的永固，巴比倫人將「巴比倫」塔作為禮物敬獻給了他。在「巴比倫」塔裡，每年都要定期舉行

大規模的典禮活動，成群結隊的信徒從全國各地趕來朝拜。

考古學家和歷史學家認為，巴比倫塔除了奉祀聖靈還有另外兩個用途。其一是尼布甲尼撒二世借神的形象顯示個人的榮耀和威嚴，以求永垂不朽。其二是討好僧侶集團，換取他們的支持以便穩固江山。

美索不達米亞是一個宗教盛行的地方，神廟林立，僧侶眾多。僧侶不僅在意識形態上影響著人民，而且掌握著大量土地和財富，如果不在政治上得到他們的支持，恐怕王位也會風雨飄搖。

隨著巴比倫的覆滅，美索不達米亞的偉大文明很快就毀滅了。而那些廟塔原來的用途也彷彿被當時敬畏的主神瑪律杜克請回天國裡去了。

示巴古國在哪裡

● 示巴女王的究竟是女神還是惡魔呢？
　示巴古國真的存在過嗎？

　　示巴女王，是《聖經・舊約》中略用文字提及的人物，在傳說中，她是一位阿拉伯半島的女王，在與所羅門王見面後，慕其英明及剛毅，於是發生了一場甜蜜的戀情，並孕有一子。傳說中的示巴女王有兩種形象，一是驚艷絕倫，一是醜陋無比。

　　在非基督教信仰的世界裡，示巴女王的形象是基本上被醜化了的。猶太教的傳奇故事，把示巴女王描繪成有著毛茸茸雙腳的惡魔形象，並把她比喻為古代亞述和巴比倫神話中誘人墮落的淫婦。而在伊斯蘭教的傳說中，示巴女王受到了更大的貶斥，她被稱為「比爾基斯」，意為妖怪，說她所行之事對人類來說意味著災難。

　　不過，在許多國家較為流行的民間傳說中，示巴女王大多被描繪成天生麗質、聰穎不凡的動人形象。並傳說所羅門在耶路撒冷見到她的時候，就為其美麗的外貌和端莊的儀表

所傾倒，兩位互相愛慕的君主還結成了金玉良緣。

示巴女王在《聖經》中偶然閃爍的神祕色彩，引起了歷代史學家、文學家、詩人和民間藝人的極大興趣，由此而生的種種臆想、傳說更顯得浪漫離奇甚至荒誕不經。在中世紀流傳很廣的一個傳說裡，示巴女王被說成是預曉耶穌將受難於十字架的女先知。除了這種神乎其神的傳聞外，示巴女王在中世紀和文藝復興時期的宗教藝術中，時而作為美麗的女王形象，時而又作為醜陋的女巫形象交替出現。有關示巴女王的種種傳說儘管充滿了傳奇色彩，但顯而易見的是它們都缺乏考古或文字所提供的可靠依據。

由於《聖經》的記載過於簡略，人們對於示巴女王身世及示巴古國的具體位置所知甚少，因而千百年來給人們留下一個不解之謎。

經過長期的考察和新的考古發現，人們已經初步判定，《聖經》中提到的示巴王國位於瀕臨紅海的阿拉伯半島西面，在現今阿拉伯葉門共和國境內。據考證示巴王國的首都就是現今阿拉伯葉門共和國的東部城市馬里卜，現在這個城市還是沿用著古代名稱。西元前1世紀希臘史學家奧多勒斯曾形容馬里卜是一個用寶石、象牙和黃金做藝術品裝點起來的城市。這種描寫也許有些過分，但馬里卜故去的華美、繁榮從中也可窺見一斑了。

過去傳說馬里卜建有一個規模巨大的蓄水壩，水壩都用大石塊鋪砌，石塊之間密接無縫，顯示了示巴人民高超的建築和工藝水準。這座水壩維持供水達12個世紀之久，西元543年，因年久失修而塌陷。人們還在馬里卜郊外沙丘上發現了一處設計奇巧的建築物廢墟，考古學家們證實它是西元前4世紀所建的「月神廟」。當地人把它稱為「比基爾斯後宮」，而比基爾斯是他們對示巴女王的稱呼。

示巴古國是西元前10世紀興盛一時的文明古國之一，在古代東方的發展史上曾起過積極影響。示巴古國由於緊靠當時的通商要道──紅海，同與紅海相接的以色列、埃及、埃塞俄比亞、蘇丹等結成了密切的貿易關係，商業一度十分發達。示巴古國盛產香料、寶石和黃金，這使它在產品交換中處於十分優越和有利的地位。

據說，示巴商人當時已經會利用紅海的季風之便遠洋航行了。他們在每年2~8月海風吹向印度洋和遠東時，便加大對這個地區的貿易運輸量。等到8月以後海風回吹時，他們又溯紅海而上與以色列和埃及交往。這個季風的祕密長期未被洩漏，直至西元1世紀時才被希臘人發現。示巴的陸路貿易也很發達，駱駝商隊活躍在阿拉伯半島和西亞的廣闊地帶上。

示巴古蹟的發掘，已透射出這個文明古國的奇光異彩。但失落的示巴文化這個歷史之謎，還遠未全部揭開。

古埃及浮雕圖案之謎

● 埃及金字塔中的直升機圖像是人類的靈感？

還是外星人的飛行器呢？

　　古埃及人一直是考古學家的研究對象，這個文明古國一直像謎一樣困惑著人們。眾所周知，直到1903年地球人才製造了第一架飛機。但奇怪的是，在埃及3000多年前的浮雕上，考古學家卻發現了飛機模型，這實在讓人摸不著頭腦。

　　古埃及廟宇除了有祈福用途外，還是個具有政治色彩的地方。祭師除了是宗教領袖之外，還參與不少政治上的決策，古埃及無疑是一個政教合一的部族。

　　在1979年，英籍考古學家韋斯在埃及東北部一片荒蕪沙漠中，發現一座古廟遺址，起初他只視之為廢棄的廟宇。

　　不過，當韋斯細看廟宇內的壁畫時，卻在其中一處浮雕壁畫中，發現一個奇怪現象：他在裡面看到了與現代直升機、潛艇形狀極其相似的浮雕，以及一系列類似飛行物的物體。飛機在十九世紀才被研發出來，那麼，這些貌似現代直升機、潛艇的圖案怎麼會出現在3000多年前的古埃及？

在世界歷史中，不少遠古民族在發展語言和文字之初，均以壁畫記載歷史。出現在廟宇中的浮雕，也應該是古埃及人用以記載某一件事或表達某一種意思，但三千年前的人可以預言到今日的文明產物嗎？

研究UFO的學者一直相信，遠古的高度文明是由外星人傳來的。類似的傳言，在阿特蘭提斯與馬雅文明中都不絕於耳。古埃及人是否曾經接觸過外星人，雖然暫時不可妄下定論，但學者們認為，對古埃及這個注重歷史與教育的民族而言，如果真的接觸過外星文明，斷無可能在相關資料中找不到任何記載。

當然，以今日的角度而言，這些廟宇浮雕與今日的飛機形狀相似，不過在3000多年前，即使外星文明曾經降臨過古埃及，當時的人也未必有直升機和潛艇這些概念。並且，如果壁畫內的「UFO」是外星人的，又為何要與現代文明的飛機畫於同處？也許古埃及廟宇的浮雕，就好像其他的寓言一樣，只是後世強將歷史穿鑿附會地加諸其上，這些壁畫可能只是一種當地語言或圖像罷了。

雖然科學家歷來對古埃及文明的研究不遺餘力，但所知依然有限，這個文明古國至今仍有不少未能解開的謎團。

很難斷定三千年前的古埃及人，有否看過直升機、潛艇或其他飛行物體，但即使外星人真的降臨過，亦不可能產生

出這種概念。

　　雖然這些壁畫可能只是一種當地語言或圖像，然而不能抹殺的是，近代人也可以想出不少先進或超現實的意念，慢慢亦真的逐步成形。那麼可以想像，擁有高度文明的古埃及人，可能也會出現相同的情況。

吳哥古城之謎

● 吳哥古城在密林中隱藏了400多年，
最終還是讓人類看到了它的青春與活力。

　　歷史的車輪滾滾向前，一刻也沒有停息，光陰的流逝帶走了太多的珍奇異寶，也留下了許多的未解之謎。龐貝古城、馬雅文化遺址已讓人們感慨不已，而吳哥古城更在叢林之中吸引著人們的目光。

　　吳哥古城是柬埔寨的象徵，它是人類文化寶庫中的瑰寶，與埃及金字塔、中國的長城、印尼的波羅浮屠共同被譽為「東方四大奇觀」。

　　1861年，法國的博物學家亨利・穆奧千里迢迢來到了柬埔寨進行考古工作。在進入森林的第5天，他和隨從人員突然發現前面不遠的森林裡顯露出5座高大的石塔，在藍天白雲的映襯下格外清晰美麗，尤其是中間的那座最高的塔尖，在夕陽的照耀下更是金光閃閃。這就是傳說中的吳哥古城。從此，這個被茫茫林海淹沒而沉睡400多年的古都終於再次重現於世，煥發出獨特的青春與活力。

吳哥，在梵語中意為「城」，它是西元9世紀至15世紀時吳哥王朝的都城，它主要是由西元9世紀至13世紀創建的一組石造建築群和精美的石刻浮雕組成，又分為大吳哥和小吳哥。

大吳哥又稱吳哥通，「通」意為城；小吳哥又稱吳哥窟，意為「首都的寺院」。時至今日，吳哥窟還保存完好。古城約占地15平方公里，四周環以高牆，內有宮殿、廟宇、寶塔多處。是柬埔寨古代藝術的代表。其建築之精細、浮雕之生動、設計之巧妙均堪稱絕品。吳哥古蹟總共有大小各式建築物600餘座，散佈在約45平方公里的森林裡。

據史料記載，吳哥窟建於12世紀前半葉吳哥王朝全盛時期。當時信奉婆羅門教的高棉國王蘇利耶跋摩二世，為了祭祀「保護之神」，同時也為了炫耀自己的功績，以及為供他死後做陵墓而專門建造了這座神廟。

吳哥窟的整個結構呈正方形：最外層是壕溝，中間是圍牆，裡面是3道回廊，層層相套，渾然一體。而中心建築是大神殿，分為3層台基。位於最上層的是中央佛塔，離地高度達65米，其餘4座較小的則位於第2層的四角。

神殿各層皆環以圓柱回廊，牆壁上更是佈滿精美的浮雕和壁畫。整個建築象徵著佛教傳說中的宇宙中心須彌山。由於都是用巨石壘砌而成，因而顯得格外整齊肅穆，和諧莊嚴。

此外寺內還有圖書館一座和供飲用的蓄水池一處。

與之相對應，大吳哥位於吳哥窟的北部，是耶跋摩七世統治時期建造的新都。吳哥城規模非常宏偉壯觀，它占地9公頃，城牆周長12公里，牆高7米，厚6米，周圍環以相當寬的護城河，真可謂「固若金湯」。而且全城5道城門中，有4道通向市中心的巴揚廟，另1道通往皇宮。5個城門上方都建有無數巨大的石塔，塔的四面雕有佛的頭像，高達2米多。

吳哥通的中心是巴揚廟，它是王城的主體建築，高達45米，它和周圍的16座中塔和幾十座小塔，構成一組完美整齊的階梯式塔型建築群。據史書記載，這16座寶塔象徵當時高棉的16個省。其中，被稱為「吳哥古蹟明珠」的女王宮，更是以它精美絕倫的石雕著稱於世。

重現於世的吳哥古蹟，具有獨特和永久的魅力，這使世人為之傾倒、讚嘆。從建築上看，吳哥古城無疑是世界建築史上的奇蹟，但更令人迷惑不解的是，是何人建造了美妙絕倫的古城？

它的每一塊石頭都是精雕細琢，遍佈浮雕壁畫，其技巧之嫻熟、精湛，想像力之豐富、驚人，使人難以置信，以至於長時間流傳吳哥古蹟是天神的創造，不可能出自凡人之手。在壘砌這些建築時，沒有使用黏合劑之類的材料，完全靠石塊本身的重量和形狀緊密相連，絲絲入扣。時至今日，吳哥

古蹟的大部分建築雖歷經滄桑，仍巋然不動。

吳哥古蹟充分向人們展示了柬埔寨人民高度的藝術才能和充分的智慧。15世紀上半葉，吳哥王朝被迫遷都金邊，曾經繁華昌盛的吳哥城雜草灌木叢生，逐漸被茂密的熱帶森林所湮沒，這使吳哥古城變得更加神奇。

由於有關柬埔寨中古時代的史料極其缺乏，重現於世的吳哥古城只能有待後人去探索研究。

馬雅人的曆法

● 馬雅文化充滿了神奇，

它的曆法更是讓現代人歎為觀止。

在古代世界文明史上，馬雅文明似乎是從天而降，這個偉大而神祕的民族，在最為輝煌繁盛之時，又戛然而止。哥倫布發現美洲大陸之前，這個偉大而神祕的民族，早已集體失蹤。他們異常璀璨的文化的突然中斷，給世界留下了巨大的困惑。

馬雅文化是一個神祕的文化，它的先進性超過了當時世界任何一種文明，至今令人百思不得其解。隨著對馬雅文化的進一步考察，人們又驚奇地發現，幾千年前的馬雅人竟有著無與倫比的數學造詣，有著獨特的謎一樣的文字。而且奇琴·伊察、提卡爾、帕倫克等地的巨型建築也並非出自馬雅人的實際生活的需要、而是嚴格依照神奇的馬雅曆法週期建造的。

馬雅人的曆法和天文知識究竟精確到什麼程度呢？他們把一年分為18個月，他們測算的地球年為365.2420天，現代

人測算為365.2422天，誤差僅0.0002天，就是說明5000年的誤差才僅僅一天。他們測算的金星年為584天，與現代人的測算50年內誤差僅為7秒。這是個多麼令人難以置信的數字！幾千年前的馬雅人怎麼能有這麼精確的計算？

馬雅人還保持著一種特殊的宗教紀年法，一年分為13個月，每月20天，稱為「佐爾金年」。這種曆法從何而來，實在令人不解。因為這種年法不是以地球上所觀察到的任何一種天體的運行為依據的。有人推測，「佐爾金年」曆法是馬雅人的祖先依據另一個至今我們尚不知道的星球制定的。

馬雅人至少在西元前4世紀就掌握了「0」這個數字概念，比中國人和歐洲人都早了800年至1000年。他們還創造了20進位數目法，他們的數字演算可沿用到400萬年以後。這樣龐大的天文數字，只有在現代星際航行和測算星空距離時才用得上。而幾千年前的馬雅人刀耕火種，用樹葉遮體，用可可豆作媒介以物換物，這樣的數字演算他們用得著嗎？

馬雅人的曆法精確到可以維持4億年之久，他們計算的太陽年與金星年的差數可以精確到小數點以後的4位數位，他們有自己的文字，那是用800個符號和圖形組成的象形文字，詞彙量多達3萬個。他們有著精美絕倫的雕刻、繪畫和青銅藝術。然而在這個登峰造極的高度文明誕生之前，馬雅人巢居樹穴以採集為生，這樣的原始部落怎麼能突然產生這

麼高度文明？

　　即使到了16世紀，西班牙人在佈滿古蹟遺址的尤卡坦半島上看到的印第安人，還是以樹葉，住泥巴糊的茅屋，以採集狩獵勉強糊口。那種精確的天文曆法和數學，那種令全世界瞠目結舌的文明、藝術，似乎都遠遠超出了當地印第安土著那幾近原始的生活的實際需求。

　　馬雅人的曆法是世界上最精確的。在徹琴伊特紮、提卡爾、科潘和帕倫克等地，巨大的建築物都是按照令人難以置信的馬雅曆法營造的。馬雅人建造金字塔並非出於自己的需要，他們建造神殿也並非出於自己的需要。他們建造神殿和金字塔，依照曆法規定每隔52年必須在建築物上造出數目固定的階梯。每一塊石頭都與曆法有著相應的聯繫，整個建築與天文學的要求是要相符合的。

　　馬雅人的紀元年代是件讓人百思不得其解的奇蹟。在現存的各種馬雅古文字和馬雅人自己的傳說，都證實他們的紀元年代可追溯到西元前3113年。這個年份與埃及人的歷史開端僅差幾百年時間。更讓人驚奇的是這個年份看來是真實的，因為再沒有比精於曆法的馬雅人更瞭解年代了。

　　對自身歷史能有如此幽深的記憶，而對一個相當落後的原始部族來說，這的確是很值得回味的。

印度古城摩亨佐達羅之謎

● 許多古代文明都是莫名地消失了，

印度古城摩亨佐達羅也是如此。

　　摩亨佐達羅位於巴基斯坦信德省境內，拉爾卡納縣城南20公里處，距卡拉奇約500公里，是巴基斯坦著名的旅遊勝地。摩亨佐‧達羅的原意是「死亡之地」，它靠近印度河右岸，處在一望無際的信德沙漠中，氣候乾旱，環境荒涼，在很長的歷史時期裡人跡罕至，沒有人知道在黃沙漫舞下竟然埋藏著幾千年的繁華都市。

　　1921年至1922年間，考古學家班納吉在印度河幹流的沙丘上，發現了一些「奇怪的史前遺物」——許多古物和兩枚印章，印章上刻著一些奇怪的符號，有的像牛頭，有的像魚紋，還有的刻劃著大象、羊等形象，這引起了考古學家的注意。幾年以後，印度考古學者又在信德地區的一個佛塔下面發現了更多的印章，上面同樣刻劃著許多象形符號，考古學家以這些印章為線索追本溯源，經過進一步發掘，一個大約建於4500年前的古城遺址終於露出了端倪。這座「被埋沒的

城市」，是一個青銅時代的古城遺址。這一發現堪稱古印度考古史上最偉大的發現，因為它直接把印度的歷史向前推進了2000年。

當年繁華的城市，現在僅剩下一片片磚瓦殘跡。一些被發掘出的珍貴文物表明了摩亨佐達羅的文化已到了相當發達的程度。但是，摩亨佐‧達羅城是怎樣衰落直至葬身黃沙之下？摩亨佐‧達羅人是在什麼時候遺棄這座城市的呢？他們後來又到哪裡去了呢？摩亨佐‧達羅以其驚人的古代文明、神奇的難解之謎，吸引著無數的學者和遊客。

摩亨佐‧達羅的突然消失代表著哈拉帕文化的滅絕，這一過程迅速而乾淨，沒有給後人留下任何可以確證的憑證，甚至連神話傳說都沒有留下。世界各國的許多考古學家、歷史學家、人種學家和古文字學家一直試圖透過發掘出來的古城遺址和大批石制印章、陶器、青銅器皿等文物，揭開古城的祕密。

經一些科學家考證，摩亨佐‧達羅在西元前15世紀突然消失就是由於猛烈的爆炸和大火而毀滅的。1922年，印度考古學家巴納爾季在印度河口的一個小島發現一片古代廢墟，所有跡象表明，這個城市是毀於一次突然的災難。該地區到處是燒熔的黏土和礦物碎片，顯示出一種爆炸和大火的痕跡。巨大的爆炸力將古城半徑約1000米內的所有建築物全部摧

毀，還有一個明顯的爆炸中心，在這個中心的所有建築都夷為平地，由中心向外延伸，距離越遠破壞程度越輕。

古印度詩史《摩訶婆羅多》中這樣描繪：「突然空中響起巨大的轟鳴，接著是一道閃電撕裂天空，南邊天空一股火柱沖天而起，耀眼的火光勝過太陽，被割成兩半的天空——（與通古斯大爆炸相類似）房屋街道及一切生物都被這突如其來的大火燒毀了……」

另外，印度歷史上曾經流傳過遠古時發生過一次奇特大爆炸的傳說，許多「耀眼的光芒」、「無煙的大火」、「紫白色的極光」、「銀色的雲」、「奇異的夕陽」、「黑夜中的白晝」等等描述。那麼，大爆炸是由什麼引起的呢？有人說是自然災害，有人說是外星人的飛船大爆炸，然而這種說法過於荒誕且沒有旁證。

後來，考古學者曾經在摩亨佐‧達羅的下城南部的一座房屋內發現了十幾具屍體遺骸，遺骸上留有刀痕，而且橫躺側臥，雜亂無序，有的屍體上還帶著手鐲、戒指、串環等，他們身體扭曲，四肢掙扎，一副痛苦的樣子，應該是遭到了突然的殺害。於是許多人重新認為摩亨佐‧達羅的毀滅是由於外敵入侵，並開始尋找新證據，然而十幾具屍骨遺骸並不能說明出現了大規模的外族入侵，因而探索摩亨佐‧達羅消失的原因仍然前路漫漫。

人類史前的腦外科手術

● 大腦是人類最神祕的器官，然而，你可知道，在石器時代，就已經出現了腦外科手術？

　　人們一直把器官手術作為舊醫術與新醫術的分界線。現代社會，人體手術已經獲得了長足的發展，然而，一位美國人類學家的發現似乎推前了人體手術的開始時間。

　　美國外交家兼人類學家斯奎爾有搜尋史前人類遺物的癖好，19世紀60年代，他在祕魯發掘到一個史前時代的人類顱骨，令人震驚的是，頭骨上有兩條切割得極精確的平行細小溝槽，另外兩道溝槽與之相交，四條整整齊齊的溝槽圍住了那塊頭骨，毫無疑問這是一個腦外科手術，頭骨曾經被人取出以檢視腦部。

　　可以說，斯奎爾在無意中發現了史前時代的腦外科手術遺跡，這個取出頭骨檢視腦部的方法今天稱為環鑽術。

　　當斯奎爾把這個曾經切開過的顱骨送交當時最具權威的人類學家布洛卡博士檢驗，這名研究體質的法國學者證實，那個顱骨是在人活著時被打開的，更進一步的研究斷定切口

周圍的骨頭還有被感染過的跡象，似乎頭骨被開刀後，這個人大概僅活了15天便離開了這個世界。

這以後的幾十年，學者們研究了歐洲的史前人類頭骨，確信懂得環鑽術的史前人，並不限於美洲，從俄國西部至大西洋沿岸各個考古場地，都發現石器時代、銅器時代和鐵器時代人類施用環鑽術的證據。由這些發現可見顱骨上切品的形狀和大小不盡相同。

最常見的是圓形、橢圓形、菱形、四方形。1963年在巴勒斯坦發現的兩個經腦外科手術切開過的顱骨，採取的切鋸方式竟然與遠隔重洋、在祕魯所發現的那個完全相同！

直至20世紀初期，太平洋各島嶼仍有人採用環鑽術，所以人類學家們得以向這些現代「史前」鑽腦醫師請教幾個問題：他們為什麼要做這種手術，手術中如何使病人減輕痛苦或應付對於病人的失血？

鑽腦醫師的回答讓人們大為驚異，讓現代人對史前時代的腦外科切割手術的目的和技術有了一些瞭解：驅魔是手術的目的。

史前的人類大概和這些太平洋上的島民一樣，對人的大腦的功能知之甚少，故而做起手術來毫無顧忌。當某人因腦部受傷而陷入昏迷，便做手術清理傷口，取出嵌入裡面的頭骨碎片。他們都認為痙攣、長期頭疼、昏睡症以及抑鬱症，

都是因為顱骨內藏有某種有害的東西,即魔鬼之類,必須將它們弄出來才可能痊癒。換言之,必須驅除邪魔惡鬼,補入精髓正氣。

史前時期開腦手術主要的實施對象是參加戰鬥保衛部落而傷及頭部的戰士,從波蘭、葡萄牙、祕魯、阿拉斯加,都發現了接受腦外科手術的病人顱骨。

而在祕魯庫斯科發現的一個頭骨,上面竟然有不止7個圓形切口,所有這些切口毫無疑問都重新長出了健康的新骨,證明連續多次的腦外科手術都進行得非常順利。

從大多數頭骨切割手術的事例來看,史前人的環鑽術成功率極高,因而我們不能不讚歎史前人類外科手術的成就。

史前時代工具匱乏,僅憑削尖或磨銳的石刀,如何去進行這麼精細的切割?

其實,他們並不是像今天的人那樣把頭骨鋸開,而是沿著要切開的直線或弧線,多次著力加以刮削。由於薄薄的石片刀如受力過大,刃口很容易崩裂,在傷口裡面留下殘屑,所以整個手術需要小心謹慎,要施行很長的時間。

現代人在醫院實施外科手術,要依賴麻醉劑減輕病人痛苦,靠抗菌藥預防感染。現在看來,史前人類好像比現代人抵抗疼痛和抗菌能力要高強得多,他們給人的印象似乎能忍受劇烈的痛苦。而環鑽師的水準也極為高明,因手術而感染

的事例非常罕見。

　　人類學家還發現了原始民族用植物製成的止痛藥和各類草藥，有良好的鎮痛效果；又發現史前的祕魯居民有一種功效極佳的藥物——古柯，現代人用這種植物提取古柯鹼，古人的用法是將古柯樹葉咀嚼當藥物服用。環鑽手術在北美的頻繁出現也可能與鎮定藥的發現有關。

　　然而，在銅器時代和鐵器時代，不知是什麼原因，或許根本不需要有原因，舊石器時期發明的環鑽術沒有發展成為救死扶傷的技術，手術的技巧也未向前發展，相反還倒退了，頭顱的手術逐漸變成一種巫術的行為。在人死後，環鑽師會從死者顱骨取來圓形骨片，磨光，鑽孔，當做護身符佩戴。到了中世紀時期，很多的東歐人為避免吸血鬼附在死者身上，特意將死屍的顱骨刺穿。這於史前人類相去太遠，叫人悲歎，醫術的意義蕩然無存。

特奧蒂瓦坎古城之謎

● 眾神之城的原貌究竟是什麼樣呢？

它為什麼突然衰落了呢？

特奧蒂瓦坎古城，是印第安文明的重要遺址，古城遺址坐落在墨西哥波波卡特佩爾火山和依斯塔西瓦特爾火山山坡谷底之間，距墨西哥首都墨西哥城約40公里，是西元1世紀至7世紀建造的聖城，有著「眾神之城」的美稱。古城面積250公頃，以幾何圖形和象徵性排列的建築遺址及其龐大規模聞名於世，其建築的主要代表是太陽神金字塔、月亮神金字塔、羽蛇神廟等，至今仍保留。

太陽金字塔和月亮金字塔都用沙石泥土壘砌而成，表面覆蓋石板，再畫上繁複艷麗的壁畫。沿著大道南行，終點有一座城堡，內有神廟、住宅等建築。特奧蒂瓦坎古城遺址是墨西哥的主要旅遊勝地。1987年聯合國教科文組織將其作為文化遺產，列入《世界遺產名錄》。

據留存的建築遺址和出土的文物判斷，在西元5世紀的全盛時期，特奧蒂瓦坎是墨西哥的聖城，是西半球最大和最

重要的城市，也是當時世界上屈指可數的大城市之一。西元6～7世紀，該城居民可能多達20萬左右，他們創造了光芒四射、輝煌燦爛的文化。高聳的金字塔、華麗的宮殿、宏大的建築、排列整齊的寬闊的街道和高度發達的文化。舉世聞名的太陽神金字塔和月亮神金字塔，更是對當地後來的建築產生了深遠的影響。

城市原來的名字已經無從知曉了。西元12世紀時，阿茲特克人到達這裡，發現它已是一座空城。他們把這片廣闊的廢墟叫做特奧蒂瓦坎。在印第安語中，這裡是「眾神信徒得道之地」，或者說是「眾神之城」，在他們的神話傳說中，只有神才能建造如此雄偉的城市，而諸神就在這裡升起了第五個太陽，世界就是在這裡被創造出來的。

令人迷惑的是，在西元650～750年左右，特奧蒂瓦坎的文明突然中斷，此後全是一片衰落的景象。這座當時世界上首屈一指的大城市突然被廢棄。不知是由於什麼原因，「眾神之城」的居民和它的文化好像都一下子消失了。特奧蒂瓦坎神祕毀滅的800年後，當16世紀西班牙人來到這裡時，他們見到的，是仍然生活在石器時代的阿茲特克人。

如今遊客們看到的遺跡，也只不過是特奧蒂瓦坎當年壯麗面貌的一小部分。其實，整個城市的十分之九仍然埋在泥土之中。特奧蒂瓦坎的電腦復原圖，即使與當代最先進的大

都市設計圖相比也毫不遜色。

　　考古學家經過了100年的研究，至今還並不瞭解特奧蒂瓦坎人使用的是什麼語言。而且特奧蒂瓦坎衰落得非常突然，也非常神祕。街道人跡全無，神廟倒塌，居民們都走光了。人們不知道特奧蒂瓦坎人從哪裡來，又去了什麼地方。

　　在整個中美洲，沒有人能說清究竟是誰建造了這座眾神之城，也不能確定它是如何建造的，甚至也無法說清，這座古城到底是在什麼年代建造的。

　　一般學者認為，埃及的吉薩大金字塔大約是在4500年前興建的，對於特奧蒂瓦坎城建立的年代，學者卻沒有一致的看法。大多認為，這座城市興盛於西元前100年到西元600年之間；最近，在考古學家利用碳－14對古城內的灰燼和木塊進行測定的過程中，有人認為整座古城的歷史年代，應比目前斷定的還要早幾百年；也有人認為，特奧蒂瓦坎城的崛起，時間應該更早，約在西元前1500年到前1000年之間。還有的學者根據地質資料，將特奧蒂瓦坎建城日期推到西元前4000年之前。

　　特奧蒂瓦坎建築的宏偉、巨大和它建造年代的久遠，都遠遠超出了人們的想像。而它莫名其妙的衰亡，更是令人不可理解。這座神祕的「眾神之城」給後世留下了一個巨大的問號。

奧爾梅克文明之謎

● 奧爾梅克文明是馬雅文化的前身，

它究竟有多少文明不知道的祕密呢？

墨西哥民間有這樣一個古老傳說：遠古時代的密林裡生活著一個古老的民族——拉文塔族，他們住在仙境般的美麗城市裡，有著高度發達的文明……這就是墨西哥灣沿海地區著名的奧爾梅克文明。

奧爾梅克文明的發祥地位於今墨西哥的維拉克魯斯州和塔巴斯科州，西起帕怕洛阿潘河，東至托納拉河，面積約為1.8萬平方公里。

這一帶西部為洪泛區，東部為沼澤地，氣候炎熱多雨，河流眾多，水草豐美，並且橡膠樹成片，因此當地居民被稱之為「奧爾梅克人」，意為「橡膠之鄉的人」。

奧爾梅克文明出現在3300多年前，是墨西哥最早出現的較為發達的人類古文明之一，享有中美洲「文化之母」之美譽。有人提出，該文明的興起與殷商末年東渡的中國人有關。事實究竟如何？還是讓我們領略一下這個鮮為人知的古文明

的「風采」吧！

　　奧爾梅克文明的主體為三個文化點：聖洛倫佐文化、拉文塔文化和特雷斯‧薩波特斯文化。三個文化的發展和繁榮期有先有後，相互銜接。

　　由這三個文化點組成的奧爾梅克文明的影響不僅僅局限於墨西哥本地區，而且遍及整個中部美洲地區。中美洲其後出現的馬雅文明、阿茲特克文明以及其他各種文明都與奧爾梅克文明有很深的淵源。

　　奧爾梅克文明被認為是中美洲文明的始祖，它具有極高的藝術造詣，為日後的社會提供了許多文明財富：有恢宏宮殿的殘骸，有奇特的陶器，有人形美洲虎圖案……但最卓著的當屬奧爾梅克特有的雕像，這些雕像以巨大的石頭頭部雕像工藝見長，大都雕刻著厚厚的嘴唇和凝視的眼睛。

　　1938年發現的「奧爾梅克巨石頭像」是奧爾梅克文化中最聞名於世的藝術品，這些頭像由整塊玄武岩雕成，構思完善，具有強烈的寫實性。

　　14個巨石頭像中最大的是一個青年的頭面雕像，重達30噸，高3.05米左右，形象十分生動。他鼻子扁平，嘴唇厚大，眼睛半睜，呈扁桃狀，眼皮顯得十分沉重；頭戴一頂裝飾有花紋的頭盔，遮住了兩耳。考古學家認為該頭像可能是當時奧爾梅克領袖的雕像，或者就是一種向死者表示致敬的紀念

碑。

雕像的高超工藝，連幾千年後的現代人都歎為觀止。它們不僅體積巨大，而且栩栩如生，尤其令觀者震撼的是，這些雕像所用的石頭均來自很遠的地方，而在當時沒有先進機械設備的情況下，奧爾梅克人卻把沉重的玄武岩石塊從40里外的火山區拖到聖洛倫索，還把巨大的石頭打磨成了10英尺高的石頭頭像，其中的力量與智慧實在是令人充滿想像。所以，科學家認為，這些石像是文明的標誌。

除了雕刻出巨型石像外，奧爾梅克人還用綠玉或黑玉雕出許多小型的人像、動物形象或一些小雕像。奧爾梅克人喜歡用翡翠綠玉做各種珍貴的禮器、宗教用具和裝飾品，這是奧爾梅克文明的一大特色。

在奧爾梅克人看來，最為貴重的物品是玉石，它代表著「第一流的無上的體面」。綠色玉石所折射出的顏色彷彿滴翠的青玉米或蕩漾的碧波，由此綠玉成為「珍貴」和生命自身的同義詞。

奧爾梅克人雕刻出來的小型石像晶瑩圓潤，玲瓏可愛。這些玉石人像以裸體直立的站相和五官俱全的面具為最多，有的小人像胸前還綴有一面用黑曜石鑿成的鏡類飾物，即使在3000多年後的今天仍然閃閃發光。在玉雕作品中，最常見的是一個帶有美洲豹頭部特徵的神像，該神像是人的身形，

學者們稱之為「豹人」或「豹娃」。

美洲豹是奧爾梅克人崇拜的主要天神的象徵，因此這個神的形象往往兼具人和豹的特點。奧爾梅克人的這些作品既反映了他們獨特的宗教信仰，又形成了一種方正凝重、深厚圓潤的風格，成為奧爾梅克藝術的典範。

不僅如此，科學家發現奧爾梅克人還發明了一種橡皮球遊戲，後來這種遊戲在整個地區廣泛流傳，成為各地十分喜聞樂見的活動項目。此種發明無疑又展現了奧爾梅克人特別的智慧。

3000年前，就在地球上的大多數角落仍然處於文明的黑暗中時，而奧爾梅克卻在古遠的城市中創造了自己的文明，閃耀著奪目的光芒。他們曾經很強盛，但到西元前900年前，不知是什麼原因，他們突然消失了。他們的遺跡中也沒有任何遭到外敵入侵的痕跡。所以科學家猜測也許是他們賴以生存的河流由於淤泥堵塞而改道，導致他們不得不放棄這裡，遠走他鄉。

據說今天的墨西哥聖洛倫索就建立在它的遺址之上。當奧爾梅克的餘暉漸漸消失在馬雅文明的光環之中時，另一個更輝煌的時代——馬雅時代來臨了。

馬雅人與外星人

● 很多人相信馬雅人與外星人有著千絲萬縷的關係，

難道它們是外星人的後裔？

　　在中美洲的尤卡坦半島上曾棲息過的馬雅人，無疑是我們地球上最神祕莫測、最富有傳奇色彩的民族之一。馬雅人在既沒有金屬工具、也沒有運輸工具，而僅僅採用新石器時代的生產工具的情況下，創造出了燦爛的文明，他們在這裡留下了高聳的金字塔神廟、莊嚴的宮殿和天文觀象台，雕刻精美、含義深邃的記事石碑和建築裝飾雕刻，以及眾多做工精美的陶器與祭祀用品，精確的數學體系和天文曆法系統（太陽曆），還有至今仍有待我們去破譯的象形文字系統。

　　馬雅人在天文曆法方面的成就是非常驚人的。敏感的人們有理由懷疑，這種紀年法來自他們的祖先，而他們的祖先則來自另一個星球。

　　馬雅人會製造車輪，卻不應用在實際生活上，令人感到大惑不解。尤其馬雅人既不用車輪，也不借助家畜，更不用金屬，那他們建造巨石建築，真的只用人力嗎？在大型金字

塔附近，並沒有道路或水路可供運輸，但有大型的平坦的廣場，因此使人懷疑馬雅人是否曾受到外星人的協助建造金字塔？在許多馬雅的古建築群遺跡中，如瓜地馬拉的提卡爾、墨西哥的帕倫格等在高大的金字塔和建築群中間都有寬敞的廣場，外星人可能就當作飛碟降落場所。因此馬雅人可能在外星人的協助下，直接使用飛碟作交通工具，所以始終沒有留下道路的遺跡和運輸工具的遺物。

1927年在洪都拉斯一次馬雅文化古代都市魯巴達的挖掘工作中，考古學家在已倒場的祭壇中發現一千年前的水晶頭蓋骨。此水晶頭蓋骨是利用高純度的透明水晶所製成，沒有留下使用工具的痕跡，其硬度約是七度，用一般刀子是絕不可能打造完成的，而且和人類的頭骨蓋十分類似。

更令人驚訝的是，當雷射光射中頭蓋骨的鼻孔，剎那間整個頭骨蓋放出光芒。經過專家的細心研究，證實此水晶頭骨蓋是利用某種碰撞力量雕刻成的，在其頭部及顏面部發現有「雙晶」（受碰撞而形成的結晶）。究竟古代的工匠是運用什麼高科技製造的呢？這也很有可能是外星人的傑作。

傳說中馬雅人最早的神祇來自星星，是它們帶來文明的腳步，促使地球上孕育文化的搖籃。那麼為什麼它們又突然消逝得全無蹤跡？神祕的馬雅人之謎究竟何時才能查出其全貌呢？至今仍無人知曉。

不可思議的遺址

來過了，留下了痕跡，更多的是不可思議的謎團。

黃山腳下的花山三十六石窟

● 如此龐大的工程為何史書沒有記載？

花山謎窟鑿痕說明了什麼？

在安徽省黃山腳下屯溪東郊的新安江畔有一片高不過一二百米的連綿小山——花山。

這裡有巧奪天工開鑿而成的怪異石窟，這些石窟點多面廣，形態殊異，「規模之恢弘、氣勢之壯觀、分佈之密集、特色之鮮明、國內罕見，堪稱中華一絕」，被譽為古徽州石文化歷史博物院，被人稱為「花山謎窟」。那麼，這些石窟源於何時，如何形成，何人開鑿的呢？數以百萬方石料到底去了何處？如何開採和運輸呢？

與舉世聞名的敦煌石窟相比，花山謎窟洞內沒有壁畫、沒有佛像，也沒有文字，更無任何史料記載，就是在當地的民間傳說中也難尋其蹤影。

石窟具有豐富獨特的歷史研究及觀賞價值，三十五號石窟宏偉雄渾，二號石窟曲回通幽，二十四柱洞奇幻神祕，姐妹胭脂洞色彩明麗……

　　花山謎窟這樣巨大的石窟建築工程全系古代人工所建。更讓今人不可思議的是，花山有石窟三十六個，而在其東側延長線的歙縣煙村方圓4平方公里的200多座小山包中也發現了類似的石窟三十六處。

　　花山謎窟謎團眾多，帶來了各種猜想，目前僅就為什麼開鑿如此大規模的石窟，相對比較成熟的猜想就有20多種，這也為花山謎窟增添了更多神奇。

◆ 一、徽商囤鹽說

　　徽商囤鹽商說是指這些石窟由於囤放鹽等大量的貨物需要而開鑿的。自古以來，徽商的足跡遍及天下，其中尤以明、清朝代的鹽商更為出名，而古徽州的對外運輸管道即為新安江，石窟為徽商的倉庫。

◆ 二、功能轉化說

　　功能轉化說認為，這些石窟並非某一朝代某一時期一次性完成的，而是在漫長的歷史中不斷開鑿而成的。最初可能是為採石，但後來人們又將它用作避難、囤兵、儲糧等用途。

　　這種假說可以解釋同一石窟中石紋鑿痕不同、花紋圖案不同的現象。

◆ 三、越王勾踐伐吳的祕密戰備基地說

　　是目前對石窟形成時代最悠久的一種猜想。西元前494年到西元前473年，越王勾踐「十年生聚，十年教訓」，《史記》記載，伐吳越軍總數為49000人，全在外祕密訓練而成。

◆ 四、環保巢居說

「北方有窯洞，南方有石窟」，這是中國先人在人居環境上追求樸素環保理念的兩大發明。一個掘土坡為房，一個鑿石山為屋，不占肥田沃土，不破壞山坡山形，不毀壞山坡植被，營造出冬暖夏涼的棲息地。

石窟內有房、有走廊、有石橋、有廳堂，有石水池、石水窖等，具備人類生存的基本條件。

◆ 五、囤兵說

據《新安志》載，東漢時期，孫權為剷除黝、歙等地山越人，派大將賀齊囤兵於溪水之上，後改新安江上游這些水域為「屯溪」。這也似乎印證了花山謎窟是賀齊囤兵和儲備兵器彈藥的地方。

◆ 六、採石場說

這是最普通的一種用途說。徽州留有許多做工精巧的古民居、古橋、古道，還有漁梁水壩等古老水利工程，花山謎窟恰處於新安江邊，大量石料是否是透過新安江而運輸到徽州各地作為建材的呢？

然而，猜想雖然很多，言之鑿鑿，但是畢竟只是猜想，由於毫無史料記載，花山謎窟依然有串串難解之謎。

神祕的金字塔

● 金字塔是人類自己的智慧結晶，
還是有更高智慧的協助？

　　埃及是世界上歷史最悠久的文明古國之一，金字塔之謎，一直是人們探索古代文明的熱點話題。這些高超的建築技術，似乎向我們顯示著一個高度發達、超智慧文明的存在。

　　在埃及，大大小小的金字塔共有近百座之多，其中最大的一座是胡夫金字塔。該金字塔高約146.5米，據推算共用了260多萬塊巨石。每塊石頭都有一人多高，重量約為2.5～15噸不等，有的甚至上百噸、幾百噸。據古希臘歷史學家希羅多德的估算，修建胡夫金字塔一共用了30年時間，每年用工10萬人。

　　胡夫金字塔建於埃及第四王朝第二位法老胡夫統治時期（約西元前2670年），被認為是胡夫為自己修建的陵墓。在古埃及，每位法老從登基之日起，即著手為自己修築陵墓，以求死後超度為神。

　　胡夫金字塔的4個斜面正對東、南、西、北四方，誤差

不超過圓弧的3'，底邊原長230米，由於塔外層石灰石脫落，現在底邊減短為227米，傾角為51°52'。塔原高146.59米，因頂端剝落，現高136.5米，相當於一座40層摩天大樓，塔底面呈正方形。整個金字塔建築在一塊巨大的凸形岩石上，占地約52900平方米，體積約260萬立方米。

在四千多年前生產工具很落後的中古時代，埃及人是怎樣採集、搬運數量如此之多，如此之重的巨石壘成宏偉的大金字塔的呢？真是使人難解之謎。

金字塔巍然傲立，萬古長存。其中的奧祕又是什麼呢？根據「自然塌落現象的極限角和穩定角」規律，堆放體最穩定的極限角是接近52°，奇怪的是金字塔正好是51°50'9"。說明它就是按照這種「極限角和穩定角」來建造的。這種構造不僅使建築本身高度穩定，而且可以將風暴的影響降為最低。

沙漠的風是暴戾的，由於金字塔獨特的造型，迫使凌厲的風勢不得不沿著塔的斜面或棱角緩緩上升，塔的受風面由下而上，越來越小，在到達塔頂的時候，塔的受風面趨近於零。這種以逸待勞、以柔克剛的獨特造型，把風的破壞力化解到最低程度。

科學家們研究表明，金字塔內還存在微波諧振腔體和宇宙波，並形成一種不可思議的神祕力量。在塔高三分之一的地方，能形成一種特殊的力量，能形成一種奇異的「能」。

它具有防腐保鮮的作用；它能使屍體迅速脫水，加速「木乃伊化」；它還能使生銹的金屬變得光亮如新。假如把一枚鏽跡斑斑的金屬幣放進金字塔，不久就會變得金光燦燦；假如把一杯鮮奶放進金字塔，24小時後取出，仍然鮮美清新。

那麼，這些在金字塔內所產生的超自然力量的「能」，在四五千年前的古人又是如何認識與精確掌握、運用這種不可思議的神祕力量的呢？

越來越多的有關金字塔的神祕現象困惑著人們。人們開始反思如此巨大而精密的金字塔單憑人類的智慧是否能夠創造出來？

現在學者認識到，僅埃及基沙三座金字塔的石料重量已經超過了倫敦所有建築重量的總和，古埃及十萬工人在二十年內搬運它們根本不可能。而要把幾百萬塊巨石再切削得精密平整到不差分毫，即使再用上二十年也是難以做到的。更何況要精確的建造——沒有一絲失誤的痕跡，這即使再花上幾十年，也難以建造完成。更重要的是這種精確建造以正常的建造技術是根本不可能實現的。

帝華納科遺址的新發現使人們推測到這些建造技法的高超之處：他們似乎是把相鄰的巨石之間鑿出凹槽，並倒入熔化的金屬，金屬凝固後，就把相鄰的巨石牢牢地連在一起了。而這就需要一個移動自如的冶金工廠，一次能熔化好幾加侖

的金屬，而且隨著巨石向高處堆砌，冶金工廠能夠自如輕便地上升，並且不會使下面的石塊留下任何壓劃的痕跡。如果真是這樣，那麼足見冶金工廠是多麼的高級與輕便。而這些技術在今天都是無法做到的。

另外，埃及基沙三個金字塔正對著獵戶星座帶紋的三星，帝華納科的神廟的正門和牆角精確地定位了春天、夏天、冬天第一天太陽升起的位置。所有建築的方位和天體保持高度一致，表明建造者們掌握了精密的天文學技術。如何把那樣重的巨石擺放得那麼整齊、方向極為精確，是今天的建築師根本無法想像的。

金字塔到底凝結著古埃及人多少知識和智慧，至今仍然沒有完全解開。

懸棺：神祕的「故焚侯國」

● 人死了，要找個歸宿，

　一口口沉甸甸的屍棺，一具具冷冰冰的屍骨，

　怎麼會「飛」到那高高的懸崖上呢？

　　在雲南，今昭通地區沿金沙江、白水江、關河流域的懸棺不說是絕無僅有，肯定是分佈最多、最為集中的地區。就已知情況，鹽津縣的豆沙關、底坪、棺木岩、靈官岩，威信縣的瓦石、石洞、永善縣地黃華，不下10餘處；岩椿、岩墩、岩龕、岩溝、岩洞等各種懸棺葬的形式一應俱全。

　　1935年，一位來自美國的傳教士葛衛漢，對中國豐富的喪葬文化非常感興趣。他打聽到，在中國四川的珙縣附近有一種非常奇特的喪葬習俗，於是迫不及待地開始了自己的旅程。

　　儘管一路上的艱難險阻，但當他真正來到珙縣的懸崖邊時，還是認為自己不虛此行。葛衛漢被自己的發現嚇呆了——這就是懸棺。

　　珙縣的懸棺，幾乎包含了世界上各種懸棺的所有類型。

這是珙縣懸棺第一次被世界發現，立刻引起了學者們濃厚興趣，一批批的科學家來到這裡，想破解這個千古謎題。

科學家們把這裡懸棺中的部族稱為僰人，並且紛紛猜測，這些僰人究竟到哪裡去了，是什麼原因使他們的後代放棄了自己的喪葬習慣呢？這個部族究竟是與其他的民族融合在一起，還是全部滅亡了呢？

1932年，幾位昭通籍的學人曾對豆沙關懸棺進行考察，據當時留下的考察文字，棺內屍骸的頭顱骨較今人碩大，手足骨亦較粗壯，也較長，推測身高在1.8～1.9米間。

棺木用整根原木鑿空成形，長約2米，高約50公分，寬約41公分，棺蓋厚約41公分。按木質紋理，似為杉木，形制古樸。參加考察的周夢雲等認為「此物出自上古，絕非數百年前物。何以言之？史稱，大禹死後，衣衾三領、桐棺三寸，見諸《孟子》。孟子又云：蓋上世常有不葬其親者。其親死，則委之壑。今查置棺處所，河流下陷，足證當時河水必高，又且兩岸多鑿水造成屋，知為上古大壑，毫無疑問」。

同樣在1932年前後，一位美國學者對威信長安的懸棺進行考察，也得出與周夢雲大致相同的認知。如此說來，「僰人人懸棺」應該成為結論了。不然，著名的自然科學家陳一得又對周夢雲和美國學者的判斷提出質疑。

首先，居住在今川南、滇東北一帶的僰人，自春秋以來，

或向滇西遷徙，或與漢族及其他民族融合，過早地結束了作為一個單一民族存在的歷史。也就是說，僰人生活的時代，在西元前250年以前。

其次，如果豆沙關懸棺所在是因河流下陷而成數百米高懸崖，這個過程沒有幾千年恐怕不能完成。陳一得反詰：歷兩三千年之長久，「任何堅硬木質，日射水浸，鮮不化為齏粉？」更何言骨骼完整，棺木紋理清晰。不得不承認，陳一得的反詰是有道理的。

另外，懸棺到底是怎樣「懸」上去的呢？在一本叫做《朝野僉載》的書中，提出了一種假設：屍棺先抬到懸崖絕頂，再懸索緣椿往下放。

證之於懸棺現場所見，此說難以成立。試想，懸棺多在懸崖的半腰，距頂甚遠，且多置放於崖部面的凹陷處，怎麼「往下放」？

在另一本《嶺表紀蠻》的書中，又提出了另一種設想：「築土為台，運棺其中，事後台卸土撤，而棺乃獨標岩際。」然而都很難操作。

僰人對懸棺這種葬式如此興致盎然，莫不真有什麼玄機？《雲南志略》云：「人死則棺木盛之，置之千仞巔崖，以先墮者為吉。」不遺餘力地爬上去只是為了墮下來，為了儘快地墮下來……

對於僰人的消失，根據歷史記載，當明王朝調集了雲、
貴、川三省的大軍，包圍了僰人的山寨時，於是數萬僰人就
面臨著兩種選擇，要麼與人數多過自己十倍的敵人決一死戰；
要麼就接受明軍的招安，選擇屈辱地投降。

當時在600多個僰人的山寨中，有半數選擇向明軍投降。
結果當時的投降的僰人無一倖免，剩下的或被殺，或遷徙他
鄉，最終消融在其他民族中。

隨著歲月的流逝，依舊被人們傳誦的只有那些僰人的史
詩，關於懸棺究竟是怎樣放置上去的，還有僰人這個最終消
失的部族，又是如何興起的呢？這些謎題仍懸而未解。

神奇的太陽門

● 在海拔4000多米的高原上有座神祕的城，

這座城裡有座神奇的太陽門。

玻利維亞的充滿神祕的城市——蒂華納科城，在這個謎一般的城市中，一片散亂的遠古建築和廢墟的石塊間，聳立著一塊重逾百噸的超巨型石雕——「太陽門」，它是南美大陸最負盛名的古代文明奇蹟。

「太陽門」高3.05米，寬3.96米，用一塊完整的巨型安山石岩鑿成。每年9月21日，黎明的第一束陽光總是從這石門的中間射入大地，這就是「太陽門」這一名字的由來。

凡是看到過「太陽門」的人，無不為它的宏偉壯觀驚歎不已。更耐人尋味的是，「太陽門」不僅是個龐然大物，而且它上面還雕刻著極其精美的圖案。在「太陽門」的石門楣中央，刻著一個謎一般的人像，據說是代表造物主維拉科查。

人像雙手持著鷹頭裝飾的節杖，每隻手只有四個手指。其兩旁平行排著三排共48個較小的神像。其中上下兩排刻有長翅膀的勇士，中間那排則刻著某種人格化了的飛禽。此外，

還有眾多至今仍難瞭解其含義的符號。

面對著「太陽門」，驚歎之餘，人們必然要產生種種疑問。首先，古代的印加人為何要不惜巨大的勞動力來建造這巨大的石門呢？「太陽門」的作用究竟是什麼呢？

在古代美洲居民還沒有製造出帶有輪子的運輸工具，也沒有使用馱重牲畜的情況下，到底是什麼人，在什麼時候，又是為什麼在這雲霧繚繞、峭拔高峻的安第斯高原上建造了這座雄偉壯觀的太陽門呢？

美國考古學家溫德爾·貝內特用層積發掘法證明蒂亞瓦納科文化的最早年代是在西元300～700年，而太陽門和其他一些建築應是在1000年前正式建成的。

蒂亞瓦納科考古研究中心主任、玻利維亞考古學家卡洛斯·龐塞·桑西內斯和阿根廷考古學家伊瓦拉·格拉索用放射性碳鑑定，蒂亞瓦納科建築應該是開始於西元前300年，而建成美洲這一燦爛輝煌的文明大約是在西元8世紀以前，一般看法認為在西元5～6世紀。

建築者可能是居住在安第斯山區的柯拉人，他們認為蒂亞瓦納科曾是一個舉行宗教儀式的中心場所。太陽門極有可能是阿加巴那金字塔塔頂上廟堂的一部分。

美國歷史學家艾·巴·湯瑪斯也同意遺址是柯拉人建立的這一理論，但他說那裡是一個大商業中心，或文化中心。

階梯通向的地方是中央市場，石門框上的那個人形淺浮雕是雨神，輻射狀的線條是雨水，兩旁的小型刻像象徵著他們朝著雨神走去，以承認他的權威。

更有甚者，說蒂亞瓦納科是外星人在某一時期建造在地球上的一座城市，太陽門是外空之門。

「太陽門」吸引了眾多學者的目光。儘管許多人作了努力的研究，但這一切仍無法解釋。

令人困惑的克諾瑟斯城迷宮

● 走不出克諾瑟斯迷宮，

就面臨被牛首人身的怪物吃掉的命運。

　　古希臘神話裡有這樣一個故事，克里特島的國王邁諾斯自稱是最高天神宙斯的兒子。邁諾斯的妻子帕西淮和公牛私通，生下一個牛首人身的怪物。家醜不可外揚，邁諾斯命工匠造一座宮殿囚禁怪物，讓怪物出不來，外人也進不去。

　　怪物每九年要吃童男童女各七名，由當時臣服於邁諾斯的雅典城邦國進貢。過了二十六年，邁諾斯王派使臣到雅典摧索第三次貢品。剛繼王位的青年英雄提修斯決意為民除害，自充童男來到克諾瑟斯。

　　邁諾斯王的女兒阿里阿德尼公主一見鍾情，愛上了提修斯。她送給提修斯一團線球和一柄魔劍，線頭繫於迷宮入口處。提修斯手提魔劍，一路放線，朝撲朔迷離的迷宮中心前進。

　　經過一場惡鬥，斬了牛怪，然後沿著線路走出迷宮。神話是驚險而美妙的，克里特島的這座迷宮真的存在嗎？

英國考古學家艾文斯爵士在20世紀初葉，把邁諾斯首都克諾瑟斯的遺址發掘了出來。這次發掘的工程相當浩大，聳人聽聞。

王宮基本完整，坐落凱夫拉山麓，總面積22000多平方米。主體為二層建築，低坡地的東宮是四層樓，共擁有大小宮室1700多間。支撐屋面的立柱都用整棵大圓木刨光而成，上下一般粗，極其整齊協調。1400平方米的長方形中央庭院將東宮和西宮連成一體，各個建築物以長廊、門廳、複道、階梯連接。國王寶殿、御寢、后妃居室、貯寶庫、亭閣等，巧妙配置。千門百廊，曲巷暗堂，忽分忽合，前堵後通，神機莫測，確實是座名副其實的迷宮。

牛怪之說不一定有，但邁諾斯王殘暴成性，怕人暗算，造一座刺客進不來的王宮供己享用，倒是合乎情理的。據說，設計師代達羅斯在工程完畢後，自己也陷入迷宮出不去了。

那麼，這座富麗堂皇、結構複雜的巨大建築真的是一座王宮嗎？雖然歷史學家和考古學家一般都同意這種說法，但德國學者沃德利克則不贊同，而且其說法好像有所依據。

在1972年出版的一本書中沃德利克說：「克諾瑟斯這座宏偉建築，絕對不是國王生時居所，而是貴族的墳墓或王陵。」依據沃德利克的說法，被大多數考古學家所認為的是用作儲藏油、食物或酒的大陶甕，其實是用來盛放屍體的。

屍體被放在裡面後，加入蜜糖浸泡以達到防腐的目的；石地窖則被用來永久安放屍體；壁畫代表的是靈魂轉入來生，並且把死者在幽冥世界所需物品畫出來。沃德利克還認為那些精密複雜的管道，不是為活人設置的，而是為了防腐措施的需要。

為了支持自己的說法，沃德利克提出幾項很有意思的事實，比如說，克諾瑟斯這座建築物的位置，絕對不是建築王宮的絕佳位置，因為它所處的地方過於開敞，四面受敵，若有人從陸上進攻即無從防衛。同時，當地沒有泉水，必須用水管引水，水量很難供應那麼多居民。

「王宮」及附近範圍內也無一望即知是馬廄和廚房之類的房屋，這裡的居民難道不需要交通工具和食物嗎？至於那些被認為是御用寢室的房間，都是些無窗、潮濕的地下房舍，在氣候和暖、風和日麗的地中海地區，絕不可能選擇這樣的地方來居住。

人們對迷宮究竟是王宮還是陵墓尚無定論，不知學者們能否走出這座迷宮。

令人生疑的馬爾他地窖

● 一個神祕的地窖，竟然存有7000多具人的骨骸，
這是怎麼回事呢？他們究竟是什麼人呢？

　　1902年，瑪律他島上的一群建築工人在施工的時候，發現了一座人工開鑿在堅硬岩洞裡的地窖。令人驚奇的是，裡面竟存有7000具骨骸。這裡怎麼有那麼多具骨骸呢？

　　這座巨大的石製地下建築共分三層，最深處距地面12米，錯綜複雜，彷彿是一座地下迷宮。它由上下交錯、多層重疊的多個房間組成，裡面有一些進出洞口和奇妙的小房間，旁邊還有一些大小不等的壁孔。中央大廳聳立著直接由巨大的石料鑿成的大圓柱、小支柱，支撐著半圓形的屋頂。整個建築線條清晰、棱角分明，甚至那些粗大的石架也不例外，沒有發現用石頭鑲嵌補漏的地方。它的石柱、屋頂風格與瑪律他其他許多古墓、廟宇如出一轍，但別的廟宇都建在地上，這座建築卻深藏於地下的石灰岩中。由於構造奇特，人們借用希臘文「地窖」一詞來形容它，意為「地下建築」。

　　這座「地下建築」是「廟宇」還是「墳墓」呢？在生產

力極其落後的石器時代，馬爾他的島民為何耗費如此巨大的精力來建造這座龐大的地下建築呢？

有人認為它是一座地下廟宇。在這座地下建築中，有一個奇妙的石室，人們稱之為「神諭室」。由於設計獨特，石室內產生了一種神奇的傳聲效果，因此石室又被稱為「回聲室」。

這個石室的其中一堵牆被削去了一塊，後面是狀似壁龕、僅容一人的石窟，一個人坐進去同平常一樣說話，聲音會傳遍整個石窟，並且完全沒有失真。由於女人聲調較高，不能產生同樣的效果，設計者就在石室靠頂處沿四周鑿了一道脊壁，女人的聲音就沿著這條脊壁向外傳播。正因為有這個石室存在，考古學家斷定這座地下建築是一個在宗教方面有著特殊用途的建築物，說不定它就是祭司的傳諭所。

此外，考古學家在發掘過程中發現了兩尊側身躺臥的女人臥像，還發現了幾尊豐乳肥臀也許以孕婦作為藍圖的女人臥像。據此，考古學家推測，這裡或許是崇拜地母的地方。由於整個建築埋在地下，不見天日，因而顯得陰森怪異。設想一下，當一個虔誠的原始人置身於這樣一個詭祕幽玄的地下石室時，突然傳來隱身人的說話聲，他能不毛骨悚然對其產生敬畏之情嗎？

然而，這座建築真的就是一座地下廟宇嗎？事實並非如

此簡單。越往地下深層發掘，考古學家發現它越不像是廟宇所在。在一個不大的室內，竟然存放了7000個人的遺骸，恐怕不能僅僅用宗教用途來解釋。骸骨不是一具具完整的屍骨，因為那麼狹小的地方根本容不下那麼多屍體。室內骨骼散落，表明是從其他地方移葬過來的，這種埋葬方式，在原始民族中非常普遍。這樣，地窖就成了善男信女們長眠安息之地了。這座地下廟宇到底是供人祭祀之地，還是供死者安息之地呢？瑪律他島上的這些居民的宗教也包括崇拜死者嗎？

根據挖掘出來的牛角、鹿角、鑿子、楔子、兩把石槌以及做工精細活用的燧石和黑曜石判斷，再根據其建築風格推測，此地下建築約建於西元前2400年前後，當時島上正處在石器時代。

那麼，島上居民什麼時候把骨殖放到這個地方來的呢？馬爾他的居民又為什麼要如此安放骨骸呢？至今無人知曉。也沒有人知道這座地下建築在什麼時候變成了墓地。興許初建時它就兼有廟宇和墳墓的雙重用途，也許這是一座仿效地上建築而建的一座地下廟宇，也許它就是死者的安息之地。

隨著歷史車輪的滾滾向前，一切都將塵封在歷史的記憶之中。神祕的瑪律他地窖將永遠是一個未解之謎。

鬼斧神工之作：
南美洲的奇城異堡

● 印第安人越來越少了，

　和印第安人相關的歷史、古蹟也變得越來越神祕了。

　　據考古記錄，南美文明開始於西元前一萬年，第一批北
美與中美移民到達時，他們定居於火地島、阿根廷、智利南
部、大廈谷地區的中南部平原及中央安第斯山的部分。因為
他們的食物充裕，所以能夠維持較大且穩定的社會單位。其
他在加勒比海沿岸和安第斯山北部定居的民族，以軍事及宗
教儀式為基礎，在農業技術支持下，出現了較複雜的社會組
織型態。

　　約西元1000年前後，出現了奇穆（Chimu）、蒂瓦納庫
（Tiwanaku）王國，以及後來的印加帝國。可以說，南美洲
在歐洲人來到以前是印第安人的王國。在印第安人的歷史中
仍有數不清的謎團纏繞著我們。

　　1956年，一些科學家搭飛機飛越安第斯山脈時，發現了
位於海拔6000米高處的塞拉加蘭古城堡廢墟。於是，科學家

們對此城堡進行了科學考察。

經過鑑定，這座城堡的歷史比聞名的印加帝國還要久遠。城堡有堅固的圍牆，裡面有許多高12米的堡壘和塔樓。它們全是用大塊的打磨平整的石塊砌成的，並且沒有使用灰漿。堡壘和塔樓都沒有門和窗，唯一的進出口是房頂上正方形的口子。可以想到，修建這座城堡的人們不需照明、取暖、食品和飲用水，因為方圓數百公里內沒有森林、動物、河流和湖泊。

他們不用梯子就能爬上塔樓，並且能夠生活在海拔6000米、幾乎缺氧、就連禿鷹都很少問津的地方。而且，只有乘坐直升機才能到達古城堡，因為該地區沒有足夠寬闊的平地可供其他飛機降落。

再者，城堡周圍密佈著峻峭的山峰和危險的深淵，過去和現在都沒有可以行走的路。對於科學界來說，在這樣海拔的高度上，巨大的石塊如何能夠加工和壘砌，城堡的居民如何生存，都無法加以解釋。

1979年，一支科學考察隊搭乘飛機飛越祕魯阿雷基帕省時，偶然發現地面上有一些巨大的圖案，圖案分佈在利馬東南1000公里的馬赫斯和西華斯沙漠中。1980年，科學家開始對這些圖案進行仔細的考察。

這些圖案有3000年的歷史，圖案有鳥類、爬行動物、

猴、貓科動物，它們的長度均在20～60米左右，其中有一條巨蟒竟長達72米，寬2米。同時，在這裡還發現了14個巨型圓圈，最大的直徑有40米。

實際上，它們是圓形平台，當中帶石子的土層的硬度幾乎與混凝土一樣，只有在500米的高空才能看清楚。在附近的一些不大的土崗上，發現了兩個堅固的古堡。古堡的牆有5～6米厚，用火山熔岩砌成。考慮到火山熔岩堅硬無比，而古堡的牆垣又坍塌和侵蝕得厲害，古堡的歷史估計在6000年以上。

印加人之前的什麼人能夠在沒有生命的沙漠中（最近的水源在300公里之外）修建起這些雄偉的古堡呢？不知名的建築者們是用什麼方法把重達10噸的巨大石塊從數十公里遠的地方運來、起吊和砌成牆的呢？

在智利聖佩特羅沙漠中，人們發現了長達數十米的石刻佈滿在堅硬的岩石上，表現的內容是長翅膀的人物和圓形、三角形、正方形、七邊形等幾何圖形，以及幾篇二米多長的石刻文字，其形狀與古代北歐語言的字母表相似。然而，雖有圖案存在，卻在聖佩特羅沙漠中沒有發現人類活動的蹤跡。這裡的自然條件非常惡劣，白天氣溫高達零上50^{0}C，而夜間的溫度則在零下10^{0}C以下，方圓數百公里內沒有任何水源。在南美洲祕魯的拜迪那拉布蘭卡山中，矗立著查文多王塔爾

古堡。

古堡坐落在群山之中，常人幾乎是無法涉足的，但古代的堡壘、牆垣、內室的建造方式都是很特殊的。確切地說，牆壁是用雕刻和打鑿深谷、高峰和山洞的岩石而成的。古堡的防禦非常堅固，入口處佈滿無窮無盡的機關陷阱。科學家們解不開的謎在於新石器文化時期的人們如何能用他們擁有的唯一工具——石頭去開山鑿岩石？查文文化時期，當地的居民人口極少，因此古堡的建設不可能像古埃及法老建造金字塔那樣，動用成千上萬的奴隸。

古城堡的中央矗立著一個堡壘，外人只有經過在山岩上鑿出的無數迷宮一樣的地道才能進入堡壘。在堡壘的中央大廳，有一根被稱為「石頭匕首」的石柱，高5米，呈尖頭短劍的形狀，石柱的尖刃牢牢地插在地面的花崗岩裡。3500年過去了，對於這種不可思議的現象，至今沒有找到科學的解釋。石柱和其地面都是由無比堅硬的花崗岩構成。在重達數噸的「匕首」刀鋒上雕刻著一個女人的形象，她的面孔奇特，彷彿是人和美洲豹的結合體，頭上沒有頭髮，而是盤踞著幾條兇狠的蛇。它非常像希臘神話中蛇髮女怪墨杜薩。女人的形象非常令人費解，因為安第斯山中根本沒有美洲豹。

這些神祕的城堡，隨著時光的消逝，也逐漸成為無人能解的謎。

無法解讀的辛巴威遺址

● 大辛巴威有許多令人難忘的石頭結構遺址，
它們既沒有灰泥，也不用拱門和圓頂。

「彎彎曲曲的走道和過於複雜的防禦工事是衛城最顯著的特徵……這是我有幸見過的最為神祕、最為複雜的建築結構。」探險家希歐多爾·貝特對辛巴威遺址內的衛城發出了如此感歎。

在辛巴威的馬斯溫戈省，有一座撒哈拉沙漠以南非洲地區規模最大、保存最為完好的石頭城建築群體。「辛巴威」一詞源於班圖語，意為「石屋」，或「受敬仰的石頭城」。究竟是什麼人、在什麼年代以及為什麼要建造這麼龐大的石頭城呢？

有關辛巴威遺址奇觀的傳說，大約在中世紀就透過阿拉伯商人傳到了歐洲。然而，在阿拉伯人的傳播中，卻把辛巴威與所羅門王的名字連在了一起。這樣一來，當歐洲人發現這個廢墟時，誤認為這就是所羅門王的藏寶之地。

辛巴威遺址三面環山，一面是波平如鏡的凱爾湖。整個

的遺址範圍包括山頂的石岩和山麓的石頭大圍圈及其東面的一片廢墟，組成了相互聯繫的建築群。據考證，這座石頭城建於西元600年前後，是馬卡蘭加古國的一處遺址。

古城分為外城和內城兩部分，外城築在山上，城牆高10米，厚5米，全長240米，由花崗岩巨石砌成。內城建在山坡谷地，呈橢圓形。城內有錐形高塔、神廟、宮殿等，都由石塊砌築，而且這些建築的入口、甬道和平台等都是在花崗岩巨石上就地開鑿出來的。

1871年，來到這裡探險的德國地理學家卡爾・莫赫最先把這個奇蹟公之於世。他說：「那是一大片聚在一起的石造建築物，全沒屋頂，都用灰色的花崗岩石塊以精巧的技術建成，有些石塊還曾雕琢。山上那些高大的石牆，分明是歐洲式的建築。」莫赫進入城內作了一番考察，認為有證據顯示石頭城的最初建造者們生活富裕、勢力強大。他的有關辛巴威的報告於1876年出版，引起了世界各地不少學者和探險者們的興趣，他們開始相繼前往辛巴威考察。

辛巴威遺址是一個大面積的複合體，有防禦工程、塔狀建築和排水系統，占地達一萬多畝，共有三組建築：第一組是一連串如堡壘般的城牆，內有複雜通道、石級和走廊，這組建築現在一般稱作衛城。城牆與一個大孤丘結合在一起，隨著岩石起伏，以精湛的技術把花崗岩石堆砌起來，順其自

然之勢與大孤丘混為一體。站在衛城頂上，可將整個辛巴威遺址風光盡收眼底，可見當初設計者的別具匠心。

第二組是一處橢圓形花崗石圍牆，稱作神廟。圍牆的東北、南、北三面分別有一個進出口，圍牆高約6米，東面城高約9米，圍牆底部寬約5米。

神廟位於衛城下的平地上，至今仍然完整無缺，充分顯示出當初建造者的藝術才幹和建築水準。神廟內有一座氣勢莊嚴的高塔。第三組介於圍牆和神廟之間，包括好多小的房屋。

據最初記載，大辛巴威城上有七座實心塔，現今只剩下四座。這四座塔的真正用途，人們至今仍弄不明白。更令人費解的是神廟裡面的圓錐塔，此塔高二十餘米，沒有任何文字標記。

多少年來，一批又一批考古學家和前來企圖在塔內搜尋黃金寶藏及古物的人，曾千方百計想鑽進去探查，卻無法找到一個入口。離圓錐塔不遠處有一祭塔台，據說，在原始社會，這裡是舉行生殖崇拜的場所。

對塔的作用，專家們眾說紛紜，有人認為它是瞭望台，有人認為它是宗教的象徵，有人認為它是糧倉的模型，還有人說它是男性生殖器的象徵，但這種種說法都缺少足夠的依據，至今人們仍不明白它的真正用途。

事實上，不僅圓錐塔，就是那整座的石頭城到底是幹什麼用的，人們至今也沒能真正弄明白。有人說這是一個消失了的帝國的皇帝住所，有人說這是宗教場所，但是也有人認為這是古代人開採、提煉黃金的地方。由於這些石頭建築上沒有文字，歷史上也沒有記載，這種種說法都不過是人們的推測和設想。

有人認為辛巴威遺址是由西元前來自地中海的腓尼基人建造的，也有人認為是阿拉伯人建造的，但更多的人則認為是非洲黑人建造的。

根據歷史記載，最後在辛巴威這個已頹敗的城市居住的民族，由於戰爭的原因，大約在1830年「祖盧戰爭」期間，被全部趕走了。後來聲稱擁有大辛巴威的阿孟瓜人，實際上並未在當地居住過，這裡現在生活的是馬紹納族人的一個分支——卡蘭加人。

但他們至今還住在低矮簡陋的窩棚中，他們的生活似乎和這些建築毫無關係。而這一古蹟的真正建造者，隨著歷史的煙雲似乎已無從尋覓。

壯觀的巨石陣

● 重達幾十噸的石塊是怎樣被運送到目的地的？

它們又是如何被安放的？

　　巨石陣，這個地球上最神祕的史前遺跡屹立在英格蘭索爾茲伯里平原上一個名為阿姆斯伯里的小村莊。巨石陣又稱索爾茲伯里石環、環狀列石、太陽神廟、史前石桌、斯通亨治石欄等，約建於西元前4000～2000年，屬新石器時代末期至青銅時代。在英國除了索爾茲伯里巨石陣外，還有900多座圓形巨石陣分佈在英國其他地區。

　　人們關於它的種種推測從來沒有中斷過。在距今如此久遠的時代，究竟是什麼人創造了如此神奇的作品呢？

　　20世紀50年代，考古人員研究發現，史前巨石陣的建造期大概經歷了三個階段。

　　西元前2800年左右的新石器時代晚期是建造的第一階段。不過當時並沒有巨石，只是建造了一個能容納數百人的圓形土堤，在土堤內挖出了56個圓形坑。

　　西元前2000年，銅器時代初期，人們對巨石陣的進口進

行了改造，當時鋪設了壕溝和兩道500米長的人行道，被稱作「斯泰申石碑」的四座石柱，豎立在了巨石陣內側。在這個階段，在中央大約豎起3/4圈藍砂岩石柱之後，這項工程突然停止，於是石柱被搬走，坑被填平。

　　這個時期，以傳統方法建造的巨石陣的數量開始減少，整體形狀也不是很完美，不是呈現橢圓形就是扭曲的環狀；規模上也大不如前，有的直徑甚至還不到3米。

　　大約在西元前1000年，巨石陣進入了建築的第三個階段。人們運來了100多塊巨大的砂粒岩，並且建成了有30多個石柱的外圈，在外圈內側佈置了馬蹄形。在第三階段中期，在5座石碑坊的內側佈置了許多藍砂岩石柱，其中藍砂岩的石柱留存到了現在。

　　如今，這個巨石建築群位於一個廣闊的原野上，占地大約11公頃，主要由許多整塊的藍砂岩組成，每塊約重50噸。巨石陣的主軸線、通往石柱的古道和夏至日早晨初升的太陽位於同一條直線上。另外，其中還有兩塊石頭的連線指向冬至日落的方向。這很可能是遠古人類用來觀測天象用的。

　　巨石陣的主體由幾十塊巨大的石柱組成，這些石柱排成幾個完整的同心圓，周邊是直徑約90米的環形土溝，內側緊挨著的是56個圓形坑。由於這些坑是由英國考古學家約翰・奧布里發現的，因此又叫「奧布里坑」。處於石陣中心的巨

石最高的有8米，平均重量近30噸，然而令人稱奇的是有不少重達7噸的巨石直接橫架在兩根石柱上。

當然，最吸引人的地方還是這些巨石的運輸方式。經過考證，藍砂岩確實是透過人力從南威爾士被搬運到目前的位置的。巨石首先從普利塞里山經陸路到達靠近海岸的米爾福得港，然後將石材裝上船，最後到達巨石陣。

這條線路，水路長達300多公里。實現這個長途運輸需要當時的人們具備建造載運巨石船隻的能力。從普利塞里山脈到達巨石陣，陸地行程將近40多公里，當時的人們又是如何在陸地上運輸這些巨石的呢？就地取材的方法最合適。

當時巨石陣周圍山谷裡有茂密的樹林，人們利用堅硬的樹木充當滾木和撬杠，而一種叫做斷樹的樹皮可以製造出繩子，學者們曾經嘗試過把樹皮放在濕泥裡浸泡成富有韌性的纖維，把它們絞在一起，就成了簡單結實的繩索。

橫梁放到石柱頂部算是整個工程技術含量最高的部分。架置石塊橫梁很可能用的是「土屯法」：利用斜面原理，以柱子為基準形成土，做成一個斜坡，然後從斜坡上把石頭拉上去，下面用撬杠，就位之後把土挖掉。

關於神祕的巨石陣，人們繼續做著充滿想像力的夢，一次次的發現都只是慢慢地解開了其中的一小塊謎團。2003年，考古學家在巨石陣不遠的地方發現了一座古墓，墓中出

土的陪葬品有100多件，包括金、銀、銅等裝飾品，陪葬品的數量要比同年代的墓葬多10倍。墓的主人地位非常顯赫，他就是阿徹。

阿徹大約生活在西元前2300年，而這個階段恰好是巨石陣形成的時期。墓中的陪葬品大部分來自阿爾卑斯山，從阿徹遺留下的牙齒形狀和損壞的程度檢測來看，他的童年是在阿爾卑斯山區度過的，他很有可能來自瑞士或是奧地利一帶。或許幾千年前的維賽克斯人和阿徹都有可能參加了巨石陣的建造，但從他們分別生活的時代可以看出，巨石陣的建造經過了一個漫長的時期。

經歷了近五千年的風風雨雨，巨石陣像是一部風化的史書，屹立不倒。從它身旁經過就是帶著疑團不斷叩問那段歷史。就在似乎已經知道它是如何建成的時候，我們不禁還要問當時的人們為什麼要建造這樣一個巨石陣呢？這還得繼續去探索。

音樂巨石之謎

● 石頭經過打磨可以成為樂器，

可是有一塊石頭卻可以自動發出聲音。

在美國加利福尼亞州的沙漠地帶，有一塊巨大的岩石，足足有好幾間房子那麼大。這塊巨石不是普通的石頭，而是一塊能夠發出音樂的石頭，是當地印度安人的圖騰石。

在石頭附近的村莊居住著許多印第安人，每當圓圓的月亮升起在天空的時候，印第安人就紛紛來到這塊巨石周圍聚會。他們點起一堆篝火，然後就靜靜地坐在地上，對著那塊巨石頂禮膜拜……

篝火熊熊地燃燒著，捲起一團團滾滾的煙霧，不一會兒，就把巨石緊緊地籠罩住了。這時候，那塊巨石就會慢慢地發出一陣陣迷人的樂聲，忽而委婉動聽，好像一首優美動人的夜曲；忽而哀怨低沉，好像一首哀怨低沉的悲歌。

巨石周圍的印第安人一邊頂禮膜拜著，一邊如癡如醉地欣賞著這美妙的樂聲。在他們的心裡，這個音樂是十分神聖的。

這塊巨石什麼會發出那樣動聽的樂聲呢？這塊巨石裡面又隱藏著什麼樣的祕密呢？這些問題沒有人知道，也沒有人能夠說清楚。

更令人神祕莫測的是，在這塊發聲石頭的周圍散步，就會發生磁場失靈，人們不辨方向的情況。這種情況就像飛機、輪船在百慕達三角洲遇到的情形一樣，難道這二者真有什麼奇特的聯繫嗎？但我們還不能忘記對事情本身發問：當地的印第安人為什麼要對這塊巨石那樣頂禮膜拜？這塊巨石為什麼會發出那樣動聽的樂聲呢？這塊巨石裡面到底隱藏著什麼樣的祕密呢？

這巨石猶如一個巨大的問號，它歷經滄桑，執著地矗立於古老星球上的這個角落，也矗立於人類渴望被知識澆透的心靈荒原。它超越了歷史，向人類的所有思維能力發出了無聲而持久的挑戰。

羅德島太陽神巨像之謎

● 繁忙的羅德市港口，

你是否還記得曾經的太陽神巨像呢？

　　羅德島是愛琴海上的一個島嶼，它因為建有世界七大奇蹟之一的太陽神巨像而聞名於世。太陽神像建在島北端的羅德市港口，形象為一個手舉火炬、腳踩兩岸的青銅巨人。進港的船隻都要從他胯下通過，而明亮的火焰則晝夜不息地為來往船隻引航。

　　傳說這座雕像建於西元前4世紀，當時羅德島被馬其頓人圍攻，島上居民堅守一年後終於取得了勝利。羅德居民為紀念這次勝利，把馬其頓軍隊丟棄的銅製槍械收集起來，統統予以熔化，由雕刻大師哈列塔斯負責鑄造一座太陽神阿波羅（羅德居民也稱為赫利阿斯）神像，因為傳說中阿波羅是羅德島的保護神，當地居民以此來感謝阿波羅對他們的保佑。

　　哈列塔斯用了整整12年時間（西元前294年至西元前282年）才把巨像塑成。它耗費了450噸青銅，高達32米，腳指頭有一個人合抱那麼粗，中空的兩腿內填滿了石頭用以加固。

　　在古希臘，建造10米左右高的雕像並不罕見，但建造如此巨大的神像卻是空前絕後的。怪不得巨像建成之初，便被同時代的羅馬哲學家安蒂培特譽為「世界七大奇蹟之一」。

　　如此巨大的雕像是如何鑄成的？在缺乏起重設備的遠古時代又如何把它豎立起來的？這些都是令人難以想像的事，也是太陽神巨像讓人迷惑驚奇的原因之一。

　　然而，羅德島巨大銅像只矗立了50餘年就慘遭不測。在西元前226年的一次大地震中，神像倒塌了，脆弱的膝蓋成為巨像的致命傷。

　　西元653年，阿拉伯人侵入羅德島，發現了躺在地上的巨像殘骸，他們費了九牛二虎之力把殘骸運送到敘利亞，賣給了一位商人。據說那個商人用了880頭駱駝才把殘骸運完，以後巨像就不知去向。又有人說，巨像倒塌不久後就被人盜走，但賊船在海上遇風暴沉沒，銅像埋在深深的海底。

　　但銅像真的躺在港口近千年無人過問嗎？據說神像倒塌後埃及的托勒密三世立即送來了重建銅像的資金，可見當時地中海沿岸各國的君主對此還是相當重視的。有沒有可能被他們運回本國收藏起來了呢？銅像究竟去了哪裡？恐怕是無從知曉的了。

　　羅德島的太陽神巨像已不復存在，但有關這個神奇雕像的傳說和猜測卻經久不衰。人們以史書中的簡略記載為根據

來構思它的規模,再加上自己的揣測,「設想」出了一個又一個的「太陽神巨像」的形象。

早在西元11世紀,人們就對傳說中的羅德島神像外形做出這樣的推測:巨像右手舉著投槍,左手按著長劍,柱腳是很高的圓柱,四周環繞著起伏的海浪。但有人認為,太陽神阿波羅像應該是頭戴太陽光環,駕馭著馬車,馬車上載著一輪鮮艷的紅日,而且傳說中巨像的胯下能進出輪船。由於沒有確鑿的證據,誰也無法確定神像的外形。

到了文藝復興時期,羅德島的太陽神巨像又一次激起人們強烈的好奇心。人們仔細研究古代文獻後認定:羅德島的太陽神巨像兩腳寬寬地叉開,橫跨在羅德港的兩岸。阿波羅手持火把,威嚴地注視著往來船隻。

在這裡,羅德島巨像被設想成燈塔,它為進出羅德港的船隻起著導航和保護作用。然而這個設想在崇尚科學、理性的近代也遭到了質疑。

進入二十世紀,爭論仍在繼續。當然,由於沒有任何實物資料,也有人懷疑羅德島巨像只是以訛傳訛,因為在許多書裡關於巨像外形和位置的記述有很大的出入。畢竟這座巨像離我們太久遠了,它的一切都已成為歷史之謎。

可是,考古學家的努力似乎為瞭解真相帶來了一線希望。隨著對羅德島考古發掘的深入,越來越多的文物被發掘出來。

一枚出自西元前3世紀的錢幣引起了人們的注意，這枚錢幣上有太陽神赫利阿斯的頭像，經專家鑑定，這個頭像正是太陽神巨像作者哈列塔斯作品的臨摹畫。但遺憾的是，銅幣上只有赫利阿斯的頭像，沒有身體，巨像的姿勢依然無法推測。也許將來有一天，考古學家們能為我們解開這個千古之謎。

小小的羅德島，如今遊客眾多，羅德島居民依然享受著太陽神帶給他們的恩澤。只是，滿懷憧憬的旅客總是乘興而來，敗興而歸。1984年春天，希臘政府提出準備修復巨像，也許這個決定會加快對巨像真相的揭示。不久的將來，世人也許能重新看到幾千年前曾屹立在這裡的太陽神巨像，領略巨像的雄偉風采。

土耳其地下樂園之謎

● 卡巴杜西亞地下隱藏著一個巨大的遠古城市，

地道林立，氣孔隨處可見，堪稱「地下迷宮」。

卡巴杜西亞是一個火山岩高原的總稱，面積4000平方公里，在土耳其首都安卡拉東南300公里處。遠古年代，卡巴杜西亞5座火山大噴發，熔岩淌流，堆成一片高原。由於風雨的侵蝕，高原上出現了數百座金字塔形狀的小山，排成密密匝匝的方陣，頗似月球上的丘陵。

1963年，卡巴杜西亞高原上的德林庫尤村爆出一條大新聞：一個名叫德米爾的農民掘地時在自家院子底下發現一個洞口。在村民協助下，他架著梯子進入井口似的入口，穿過8層通道，見到一個無所不包的地下城鎮。

縱橫交錯的隧道兩旁，像蟻塚一樣排列著無數住宅、廚房，有禮拜堂、作坊、水井、食物貯藏室，還有專作墓地的洞室。52個通風管道通向地面隱蔽處。幾條供逃生用的地道造得尤其巧妙。據估算，這樣規模的地下城可供20000人安身。

這世外桃源——「土耳其地下迷宮」是歷史上哪一代人所建？他們為什麼住在地下？是躲避天災？還是外敵的侵入？這些塵封於地下的廢城埋藏了怎樣的文明呢？

早在西元8世紀和9世紀的時候，這裡的居民就開始開鑿空石堡，將其改裝成居室。人們甚至在凝灰岩體上砌出富麗堂皇的教堂，在其中供奉色彩絢麗的聖像。然而卡巴杜西亞真正引起轟動的發現埋藏在地下，這就是人們發現的地下城市。

整個卡巴杜西亞地帶佈滿了地道和房間。地下城市是一種立體建築，分成許多層。德林庫尤村的地下城市僅最上層的面積就有4平方公里；上面的五層空間加起來可容納1萬人。

今天人們猜測，當時整個地區曾有30萬人逃到地下躲藏起來，僅德林庫尤村的地下城市就有52個口通氣井和1.5萬條小型地道。最深的通風井深達85米。地下城市的最下層建有蓄水池用以儲藏水源。整個地下城市規劃相當完整，使居民的地下生活有足夠的設施保障。

到今天為止，人們在這一地區發現的地下城市不下36座。而且所發現的地下城市相互間都透過地道連接在一起。連接卡伊馬克徹和德林庫尤村之間的地道，足有10公里長。

不可思議的地下城市確確實實存在著，可誰是建造者呢？它們是什麼時候建成的？用途又是什麼呀？對此，人們有著不同的見解和推測。有人認為是早期基督教的信徒來這裡避

難並開鑿了地下城市。卡巴杜西亞偏僻荒涼，絕無人跡，不會引起外人的注意。村民們一點點在岩內開鑿房子，由地面岩山逐漸延伸於地下，於是發展成了地下城。

西元610～1204年，從羅馬帝國東部分出一個拜占庭帝國，卡巴杜西亞人從此皈依了基督教。其時，阿拉伯人也在擴大伊斯蘭教勢力，與拜占庭帝國的戰爭非常頻繁。

卡巴杜西亞一向是安全的，外地虔誠的基督徒和教士紛紛來避難，於是，學者漸多，信徒日眾，儼然成了一個聖地。這些人要修造、講學、居住，自然要開鑿更多的教堂、修道院和地下村鎮。

但是，一萬多年前美洲與歐洲就早已經有文化聯繫，當時的基督教徒確曾在這裡避過難，然而他們並不是真正的建造者。地下城市在他們到來之前就已存在。地下城市到底是誰在何時修建的呢？人們的推測很多，但沒有定論。

悠悠歲月，人們在不斷地追尋著，究竟是怎樣的文明被塵封於地下？那千古的廢墟淹沒了多少的繁華？現代人透過不懈的努力和探求，終將揭開這些神祕的面紗。

巴西洞穴岩圖之謎

● 在巴西的洞穴裡，

刻劃著有六個腳趾和四根手指的奇怪人物圖像。

　　在地處南美東部的巴西境內，有數百個曲折幽深的洞穴，這些洞穴形態各異，構成各種奇妙的景觀，令人目不暇接。這些洞穴並不是人跡罕至的荒山洞穴，而是人類早期文明的遺址。有的洞穴裡保存著萬年的古蹟，至今尚未被人們認識。

　　戈阿斯州拉瓜桑塔自治區距離巴西首都里約熱內盧大約八十公里，在這個自治區裡約有四百多個天然洞穴，其中大部分至今尚未發掘，從西元1971年開始，一些外國學者與巴西學者組成聯合考察隊，對其中的十多個洞穴進行了發掘和研究，發現了許多令人驚異的奇蹟。

　　在拉帕韋爾梅利亞洞內，考古學家發現了一些古人類遺物和一個完整的人類頭蓋骨，經科學鑑定，這個頭蓋骨是距今約萬兩千年至一萬四千五百年間的拉瓜·桑塔人化石，這種古人類體質形態的主要特徵是：顴骨突出、眼眶狹小、前額低平、面部傾斜而短。

　　佩德羅・萊奧波爾多的西坡有一塊面積達一百多平方米的石山，在怪石嶙峋的懸崖陡壁上，有奇幻多姿的壁畫，畫面上除了一系列的神祕題詞外，還有四根指頭的手掌、六個腳趾的腳板、一些形似牡牛頭、貓和猩猩以及其他一些不能辨認出的動物形象和表現力很強的運載圖、遊藝圖等，構圖精巧奇妙，形象栩栩如生。

　　在塞特拉瓜斯、馬托西尼奧斯、佩德羅・萊奧波爾多等地的一些天然洞穴裡的石壁上，有一系列神祕莫測的雕刻繪畫、象形符號和考古學家根本不認識的古怪題詞，雕工技藝嫻熟精湛。

　　在巴西亞馬遜河上游森林的文化遺址上層和地面，考古學家發現了大量的陶器碎片，有些陶片上刻印有擬日紋飾和幾何圖形紋飾，其中有一件上有浮起的鹿頭裝飾。從大量的石刻來看，較多的是太陽形象，這說明當時人們很信奉太陽，這裡可能是古人祭拜太陽神的場所。

　　從這些洞穴裡殘存燒炭和灰燼的分析來看，在這裡生活過的古人至少在九萬至一萬三千年以前，那時已經有相當發展的文明。這些壁畫題詞只有運用極鋒利的金屬工具才能雕刻成，可是，在幾千年或一萬多年以前還沒有金屬工具，絕不是那時使用的石刀、石鑿子之類的原始工具所能完成的。那麼這些壁畫題詞是怎樣刻上去的呢？考古學家對此表示費

解。

　　石壁上的題詞很有規律地排列著，有些人認為這些題詞有特殊的含義。但有些學者認為，這些題詞是古人幫助記憶的一些表意符號，並且認為其中有些符號與歐洲斯堪的納維亞所發現的遠古字母頗相似，進而證明遠在幾千年或一萬多年前美洲與歐洲就早已經有文化聯繫。當然，這也只是猜測，具體的聯繫還有待於進一步考察研究。

　　最讓考古學家感到奇怪的是在一些石壁上刻劃著奇怪的圖像：圖像上的人腳板上有六個腳趾、手掌上有四根指頭，這明顯異於常人。一些人根據這些奇怪的畫像，認為此畫正是「天外來客」──「宇宙人」的形象，而絕不是畫的地球上人類，因為地球上人類的每隻腳只有五個腳趾、每個手掌都是五根指頭。

　　難道這些洞穴是外星人光臨地球時留下的印記？這些人物圖像是外星人的自畫像？真相如何，還有待考古學家們今後繼續深入去探索和研究。

遍佈玄機的千古陵寢

生前豪華奢侈，升天之後，也夢想著人世間的榮華富貴。

空惹來，賭命盜墓人。

神祕的禹王碑

● 禹王碑傳說來自大禹，然而一直以來它只是個傳奇，
並沒有人見過原始的石碑。

禹王碑，因最先發現於衡山岣嶁峰，又稱岣嶁碑，位於
岳麓山頂禹碑峰東，鐫石崖壁，寬140公分，高184公分，
碑文9行，每行9字，凡77字，未有寸楷書「右帝禹制」。
字體蒼古難辨，有謂蝌蚪文，有謂鳥篆。係宋嘉定年間摹刻
於此。

據史料記載，禹王碑是中國最古老的名刻，相傳是禹治
理洪水成功以後親自撰寫。禹奉舜帝之命，繼父鯀治水，開
始頭七年治水也沒有取得成效，但他頑強不屈。

一天，他治水來到衡山，舜說黃帝把一部以金簡為頁、
青玉為字的治水寶書藏在衡山上，但具體在什麼地方卻無人
知道。大禹治水心切，就殺了一匹白馬，禱告天地。

一天夢見一位自稱蒼水使者長鬍子仙人授予他金簡玉書
藏地密圖。醒來後他按照密圖尋找，果然找到了這部書。從
這本書上大禹找到了開渠排水、疏通河道的辦法。經過13年

的艱苦努力，終於制服了洪水。大功告成後，大禹把金簡玉書送回原來的地方，仍用磐石壓蓋起來，並在岣嶁峰上刻碑銘志。

後來，人們就把大禹殺白馬以祭祀的山峰叫做「白馬峰」，把掘出寶書的山峰叫做「金簡峰」，把那塊石碑叫做「禹王碑」。在文物保護界，禹王碑與黃帝陵、炎帝陵同為中華三大瑰寶。

關於《禹碑》最早的文字記載，見於西晉和南北朝時期。晉羅含《湘中記》：「岣嶁山有玉牒，禹按其文以治水，上有禹碑。」南朝宋徐靈期《南嶽記》：「雲密峰有禹治水碑，皆蝌蚪文字。

碑下有石壇，流水縈之，最為勝絕。」二者所記地點不一，一說在岣嶁峰（古指衡山），一說在雲密峰。

禹碑的第一次流傳於世，是蕭齊時期，據梁代劉顯《粹璣錄》載：「蕭齊高祖子鑠封桂陽王，有山人成翳游衡岳，得禹碑，摹而獻之。王寶之，爰采佳石翻刻，始見於世。」但蕭齊時拓本一直未傳世。

南宋時期，據說一個名為何致的人在雲密峰找到了禹碑。《游宦紀聞》載：何賢良（名致）於嘉定五年遊南嶽，至雲密峰下，遇一樵夫說見過一石碑有數十字，於是樵夫作導，「過隱真屏，複渡一二小澗，攀蘿捫葛」，找到石刻。但從

宋朝以後，禹王碑就謎一樣的消失了。

宋代嘉定年間，在嶽麓山，人們由何致從南嶽衡山岣嶁峰摹刻的拓本複製了禹王碑。因唐宋以前南嶽衡山是否有禹王碑真跡已無從考證，成為千古之謎，所以岳麓山禹王碑就成了目前唯一最古老的禹王碑藍本，距今約800年歷史。此後，禹王碑傳遍天下，全國約有三四十處地方摹刻了禹碑。

至今見到禹王碑上總共鐫刻有77個字，豎排六行，五整行每行15字，第六行2字。碑刻字體十分奇特，非甲骨非鐘鼎、非篆非隸、非草非楷，仔細考究亦難以識讀。著名歷史學家、甲骨文專家郭沫若鑽研其拓本三年僅識得三字。

明世宗嘉靖十一年，著名學者，時任河南湯陰知縣的楊慎得了《岣嶁碑》的拓本，興奮不已，經過一番潛心研究，宣佈自己破譯了《岣嶁碑》，全文為：

承帝曰：「嗟，翼輔佐卿，洲渚與登，鳥獸之門，參身洪流，而明發爾興。」久旅忘家，宿嶽麓庭。知營形折，心罔弗辰。往求平定，華嶽泰衡，宗疏事裒，勞餘伸疒火，鬱塞昏徙，南瀆衍亨，衣製食備，萬國其寧，竄舞永奔。

將禹王碑77個難以辨識的字譯識為可讀文字，是楊慎的重要成就，其釋文也被認可並且得以流傳。但是楊慎釋文的依據是什麼不得而知，至今也難以確定其是否準確。

　　不管禹王碑是否是大禹親手所書，也不管楊慎的譯釋是否符合原碑的含義，但禹王碑的重要價值是不可忽視的，它記述了有史以來華夏先民征服洪水災害的壯麗的一頁，它是華夏人民赫赫功勳的歷史見證，是華夏民族文化的一塊璀璨的瑰寶。

秦始皇陵的奇蹟

● 2000年了，始終固守著腳下的一方黃土，

他們還在等待什麼呢？

　　埃及的金字塔，巴比倫的空中花園，奧林匹亞宙斯神廟，

摩索斯國王陵，位於地中海、愛琴海之間的羅德島的太陽神

巨像，今土耳其境內的以弗索斯月亮女神廟，埃及港口的亞

歷山大燈塔曾被歷史公認為世界七大奇蹟。

　　2000年後的今天，除了金字塔以外，其他六大奇蹟早已

被歷史沖刷得幾乎不存在了。這時，唯有秦俑從地下又重新

站立了起來。它就是兩千多年前東方文明古國空前絕後的歷

史遺址。世界第八大奇蹟在東方的中國。

　　1974年3月29日，陝西省臨渡縣晏寨公社西楊村的幾位

村民在村南一片柿子林中打井抗旱，在井下挖土的村民發現

了一個窟窿。挖開窟窿後，他看到一個類似瓦罐的東西，村

民們有些喪氣，以為挖到了古人的磚瓦窯。

　　他們繼續往下挖，「瓦罐」變成了像一個人的脖腔，之

後便是身子、胳膊、腿、銅兵器、磚頭等，他們緊張起來，

以為挖到了「瓦爺廟」，挖出的東西是「瓦神爺」。

「瓦神爺」是當地農民對陶質神像的俗稱。這裡的村民祖輩相傳地底深處有「瓦神爺」，它深居地下，行蹤詭祕，從不輕易露面，然後誰一旦遇見，便會帶來不祥。老實忠厚的村民們總是遵循長輩告誡——倘若打井，掘墓時碰上「瓦神爺」，最好悄悄挪個地方，千萬不敢聲張，免得再惹禍殃。於是，整個村子沸沸揚揚地議論起此事來。

晚上，村裡一些上了年紀，思想上有點迷信的人，怕得罪了這些「瓦神爺」三五成群來燒香叩頭，祈求「瓦神爺」不要降罪於村民。這些村民哪裡知道，一個偉大的奇蹟馬上就要開始。

西元前246年至西元前208年，秦始皇嬴政歷時39年，建造了中國第一個規模龐大、設計完善的帝王陵寢。秦始皇陵陵區分陵園區和從葬區兩部分，築有內外兩重夯土城垣，象徵著都城的皇城和宮城。陵塚位於內城南部，呈覆鬥形，頂部平坦，腰略呈階梯形。

現存遺址高76米，東西長345米，南北寬350米，占地12萬平方米。據史料記載，秦陵中還建有各式宮殿，陳列著無數珍寶。秦陵四周分佈著大量形制不同、內涵各異的陪葬坑和墓葬，現已探明的有400多個。

以都城建制規劃陵園佈局的陵寢制度正是在秦朝形成。

秦陵的佈局結構以地宮為中心，四周設置了大量的大型禮制建築、園寺吏舍建築、陵邑衙署以及從葬坑、陪葬墓等。

內城分佈著許多用於祭祀、陪葬的建築，尤以南半部較為密集。除地下宮城外，寢殿及車馬儀仗、倉儲等眾多陪葬坑均在南半部；北半部的西區是便殿的附屬建築區，東區則是後宮人員的陪葬墓區。

外城西區的地面和地下設施最為密集，其中建築基址約佔據了西區空間的2／3。由南向北依次分佈著：曲尺形大型馬廄坑、31座珍禽異獸坑、三組四合院式的園寺吏舍建築基址等。

外城東區的南部則有一大型「石鎧甲陪葬坑」和一個「百戲俑」坑，外城象徵都城內的廄苑、囿苑及園寺吏舍，供皇帝玩樂遊弋等活動。外城以外的地區，有眾多為建設、陪葬和管護秦始皇陵園而設置的機構、場所和坑池。

1974年3月，陵東西楊村村民抗旱打井時，在陵墓以東三裡的下和村和五垃村之間，發現秦始皇陵兵馬俑坑。經考古工作者的發掘，才揭開了埋葬於地下的2000多年前的秦俑寶藏。

秦始皇兵馬俑陪葬坑是世界上最大的地下軍事博物館。俑坑佈局合理，結構奇特，在深5米左右的坑底，每隔3米架起一道東西向的承重牆，兵馬俑排列在牆間空檔的過洞中。

陪葬坑坐西向東，三坑呈品字形排列。

最早發現的是一號俑坑，呈長方形，東西長230米，南北寬62米，深約5米，總面積14260平方米，四面有斜坡門道，左右兩側又各有一個兵馬俑坑，即二號坑和三號坑。

一號坑中已發掘出武士俑500餘件，戰車6乘，駕車馬24匹，還有青銅劍、吳鉤、矛、箭、弩機、銅戟等實戰用的青銅兵器和鐵器。俑坑東端有210個與人等高的陶武士俑，面部神態、服式、髮型各不相同，排成三列橫隊，每列70人。其中除3個領隊身著鎧甲外，其餘均穿短褂，腿紮裹腿，線履繫帶，免盔束髮，挽弓挎箭，手執弩機。

其後，是由6000個鎧甲俑組成的主體部隊，人人手執3米左右長矛、戈、戟等長兵器，同35乘駟馬戰車間隔在11條東西向的過洞裡，排成38路縱隊。南北兩側和兩端，各有一列武士俑，似為衛隊，以防側尾受襲。

二號坑位於一號坑的東北側和三號坑的東側，呈曲尺形方陣，東西長96米，南北寬84米，總面積約為6000平方米。

坑內建築佈陣更為複雜，兵種更為齊全。據初步推算，二號坑分為4個單元，有陶俑、陶馬1300多件，戰車80餘輛，青銅兵器數萬件，其中將軍俑、鞍馬俑、跪姿射俑為首次發現。

三號坑在一號坑西端25米處，面積約為520平方米，呈

凹字形。門前有一乘戰車，內有武士俑68個。從3號坑的佈局看，似為總指揮部，統帥左、右、中三軍。

已經挖掘的部分已是如此之規模，整個陵墓底下，究竟會有什麼奇蹟等著我們呢？

劉備墓之謎

● 劉備是三國時期家喻戶曉的人物，

可是他死後，人們竟然不知道他葬在了哪裡。

　　三國時蜀國君主劉備，是個家喻戶曉、耳熟能詳的人物。西元223年，劉備攻打東吳，東吳大將陸遜火燒連營七百里，劉備大敗而回，退駐永安縣。西元223年4月，「先主殂於永安宮，時年六十三」。劉備死後葬身何處？到現在是一個未解之謎。

　　一般認為，劉備死後，諸葛亮將其遺體運回成都。《三國志》記載「五月，梓宮自永安還成都，諡曰昭烈皇帝。秋，八月，葬惠陵」。現在，成都武侯祠內還有劉備陵墓的建築。

　　後來，不少人認為，惠陵不過是劉備的衣冠塚。據北宋時期的《太平寰宇記》記載：「東陵，即蜀先主劉備也，今有祠存，號東陵祠。」這本書裡，說劉備墓名東陵，並說：「先主祠，在府南八里，惠陵東七十步。」說明劉備墓與先主祠不是一回事。

　　一種說法認為劉備墓在四川彭山的蓮花壩。劉備死於農

曆的四月，當時四川處於夏天，氣溫極高，而且當時交通不便，從白帝城到成都至少需要30多天時間。按當時的屍體保持技術，還沒到成都劉備的屍體就可能已經腐爛。

基於上述分析，有的專家認為地處牧馬山、彭山腳下的蓮花村才是劉備的葬身之地，而成都的武侯祠只是劉備的「衣冠塚」。

牧馬山、彭山依山傍水，有5000多座漢代崖墓。牧馬鄉的蓮花村自古就有皇墳的傳說，現在的皇墳邊上，被村民挖出來的墓磚四處散落，隨處可見。沿著洞口往下觀察，全是一層三合土一層黃泥土夯築起來的，靠近皇墳的地方還曾發現一塊數10噸重的灌縣石。

這座皇墳總面積達100多畝，全是由石灰、黃泥和這種灌縣石等混合物夯築而成，由於墓建築中混合有石灰，所以在皇墳的半山腰以上，竟然看不到螞蟻蚊蟲之類的東西。

劉備雖然自稱為中山靖王之後，皇室後裔，但他出身貧寒，父親早亡，靠賣鞋為生。儘管如此，劉備還是不能擺脫兩漢時期厚葬之風的影響。按制度規定，天子即位一年，就以天下貢賦的三分之一用於修築帝王的陵墓。劉備在位3年，儘管與魏、吳兩國戰爭不斷，但仍有足夠的時間去修建墳墓。

在當時的條件下，哪來那麼多本地沒有的黃泥？那麼巨大的石頭又是怎樣從數百里之外的地方運到蓮花村的？至今

仍然是一個謎。

因為沒有很好的屍體保護技術，劉備的屍體不能運到成都安葬，而彭山牧馬鄉蓮花村離成都騎馬也就半天的時間，難道劉備的屍體運到蓮花村就不會腐爛嗎？這個無法解答的疑問又使人們想到了傳說中劉備埋葬奉節的說法。劉備出殯時，為了防止盜墓，兵馬四路同時進行，使人找不到真正的墓地。

2001年3月，武侯祠博物館植樹時，在劉備墓邊緣挖樹坑，意外地發現幾塊磚，磚的一側鏤刻著蜀漢花紋圖案，是典型的墓磚。武侯祠博物館的一位研究員說，從發現的這幾匹蜀漢磚的質地和紋飾看，與成都平原常見的東漢磚非常近似，這些磚都是當時專為修建墓室所制。這說明惠陵很可能就是劉備墓。

到底奉節究竟有無劉備墓，還是個未知數。也許，透過勘測發掘，劉備葬在「奉節」的疑雲才會消除。圍繞劉備墓的爭論可能還要繼續下去。我們期待新的考古發現，去揭開歷史煙雲中的這一神祕莫測的迷霧……

曹操七十二疑塚

● 一代梟雄曹操生前多疑，死後仍建72座陵墓，

給世人擺下了最後的迷魂陣。

　　三國曹操小名阿瞞，故而有曹阿瞞之說。任性好俠、放蕩不羈，不修品行。統一北方，與孫權、劉備三分天下，不可一世。他對自己的身後事提出了「薄葬」。他是中國歷史上第一位提出「薄葬」的帝王。

　　當時，曹操雖未稱帝，但權力與地位不比帝王低，為什麼他不但提倡「薄葬」，而且身體力行呢？據說，曹操一生提倡節儉，他對家人和官吏要求極嚴。他兒子曹植的妻子因為身穿綾羅，被他按家規下詔「自裁」。宮廷中的各種用過的布料，破了再補，補了再用，不可換新的。有個時期，天下鬧災荒，財物短缺，曹操不穿皮革製服，到了冬天，朝廷的官員們都不敢戴皮帽子。

　　又據傳，曹操早年曾幹過盜墓的勾當，他親眼目睹了許多墳墓被盜後屍骨縱橫、什物狼藉的場面，為防止自己死後出現這種慘狀，他一再要求「薄葬」。

為了防止盜墓，在力主和實踐「薄葬」的同時，他還採取了「疑塚」的措施。布置疑塚，當然也和他生性多疑有關。生前，他因多疑，錯殺了許多人；死後，他的多疑也不例外。傳說，在安葬他的那一天，72具棺木從東南西北四個方向，同時從各個城門抬出。

這72座疑塚，哪座是真的呢？曹操之墓的千古之謎隨之懸設。千百年來，盜墓者不計其數，但誰也沒發掘出真正的曹操墓。

傳說，軍閥混戰年代，東印度公司的一個古董商人為了尋找曹操的真墓，雇民工挖了十幾座疑塚。除了土陶、瓦罐一類的東西外，一無所獲。

1988年《人民日報》發表一篇文章《「曹操七十二疑塚」之謎揭開》說，「聞名中外的河北省磁縣古墓群最近被國務院列為第三批全國重點文物保護單位。過去在民間傳說中被認為是『曹操七十二疑塚』的這片古墓，現已查明實際上是北朝的大型古墓群，確切數字也不是72，而是134。」關於疑塚的說法便被確證不是準確的了。

但是，關於曹操屍骨到底埋於何處，仍然是個謎。據詩曰：「銅雀宮觀委灰塵，魏之園陵漳水濱。即令西湟猶堪思，況複當年歌無人。」由此推斷，曹操墓是在漳河河底。

又據《彰德府志》載，魏武帝曹操陵在銅雀台正南5公

里的靈芝村。據考察，這也屬假設。那它還有可能在哪呢？還有一種說法是，曹操陵在其故里譙縣的「曹家孤堆」。

據《魏書·文帝紀》載：「甲午（西元220年），軍治於譙，大饗六軍及譙父老百姓於邑東。」《亳州志》載：「文帝幸譙，大饗父老，立壇於故宅前樹碑曰大饗之碑。」曹操死於該年正月，初二日入葬，如果是葬於鄴城的話，那魏文帝曹丕為何不去鄴城而返故里呢？他此行目的是不是為了紀念其父曹操呢？《魏書》還說：「丙申，親祠譙陵。」譙陵就是「曹氏孤堆」，位於城東20公里外。這裡曾有曹操建的精舍，還是曹丕出生之地。此外，又據記載：亳州有龐大的曹操親族墓群，其中曹操的祖父、父親、子女等人之墓就在此處。由此推斷，曹操之墓也當在此。

但這種說法也缺乏可信的證據，遭到許多人的質疑。

面對「曹墓不知何處去」的感歎，人們對曹操的奸詐多疑可能有了更深的認識。曹操一生節儉，帶頭「薄葬」，是有積極意義的。這樣做，既保護了自己，也使盜墓者無從下手，這也算是他的明智之舉吧！

生前壯懷激烈，戎馬一生，身後依然榮辱沉浮，起伏不定。謎一樣的曹操，謎一樣的曹操墓。

千年迷霧中的晉皇陵

● 神祕的晉皇陵在深山中藏了幾千年，
直到近年才被發現。

晉武帝司馬炎是西晉的第一個皇帝，從西元265年司馬炎登上皇位，到西元316年西晉被匈奴所滅，司馬氏集團在洛陽的統治只維持了51年。

西晉皇陵包括5座墓葬，分別是宣帝高原陵、景帝峻平陵、文帝崇陽陵、武帝峻陽陵、惠帝太陽陵。

按照中國古代慣例，皇帝都非常注重陵墓的修建。一般情況下，皇帝修建陵墓的費用占當時國家財政收入的三分之一。費用如此之大，就是為了使皇陵氣派、壯觀，顯示皇家的威嚴。

許多皇帝一登基就開始修陵，一直到他死去。如果在位30年，就可能修建30年，可以想見皇陵的規模。奇怪的是，西晉皇陵的具體位置一直不為人所知，別說巍巍如山的大塚，就連一個小土堆也未曾被發現。這是為什麼？

據人推測，由於當年司馬懿借曹爽謁陵之機，成功奪取

政權，所以他非常擔心別人如法炮製，於是就定下了「不封不樹不謁陵」的家規。沒有陵墓，何談拜謁？只要「不封不樹不謁陵」，就能確保司馬氏的江山萬年永存，這是司馬懿的高明之處。而且，「不封不樹」還有兩個好處：宣導儉葬，贏得民心；陵墓位置隱蔽，免得盜墓者打擾。

在河南偃師市枕頭山與鏊子山下，有兩個相距不遠的村莊，一個名叫墳莊，一個名叫香峪。顧名思義，墳莊應該與墳有關，香峪則是燒香的山谷。

古代帝王修建陵墓後，都要派人守護，守墓人的後代就地為家，慢慢繁衍，最後形成村落，這些村落的名字往往與陵、墳等有關。在西晉皇陵被發現以前，這裡沒有其他皇陵，這些村名當然也沒有引起人們的注意。

20世紀初，附近一戶農家挖紅薯窖時挖到了一座晉代的墓。墓中有一方墓誌，上有「北望皇陵」等記載。後來這裡陸續有晉代古墓被發現，於是，人們猜想西晉皇陵就在附近，但具體位置仍是一個謎。

上世紀80年代，考古工作者利用先進的探測儀器，對這一帶進行勘探，確定了西晉皇陵的具體位置，才解開了這一千年之謎。

西晉皇陵分東西兩區，東區在偃師市城關鎮潘屯、杜樓兩村以北的枕頭山下，西區在首陽山鎮南蔡莊北的鏊子山下，

兩區相距數里。

　　文物工作者在枕頭山下共探出5座墓葬，均坐北朝南。
其中1號墓規模最大，規格最高，位於墓地東部，居尊位。
枕頭山下是低平、富庶的伊洛河平原，視野非常開闊。專家
認為這就是司馬懿、司馬師、司馬昭等人的寢陵。

　　在西晉皇陵西邊的鏊子山下也有多處墓葬，均坐北朝南，
其佈局主次分明，排列有序，顯示出死者生前的尊卑關係。
其中1號墓位於墓地最東端，居於尊位，且在墓地中規模最
大。故此墓主人應該是晉武帝司馬炎的峻陽陵。

　　晉武帝作為西晉的開國皇帝，在墓地選擇上看來是費了
一番心機。鏊子山兩端分別向南伸出一道較為平緩的山梁，
對墓地形成三面環抱之勢，是修建帝王陵墓理想的風水寶地。

　　就此，「失蹤」千年的西晉皇陵終於被發現，其具體情
況有待於進一步發掘和考證。

乾陵之謎

● 許多人說，乾陵一開，其間珍寶定會光耀全世界，
　當然這只是推測，乾陵裡面究竟有多少文物目前只能是
　個謎。

　　乾陵位於陝西乾縣城北的梁山上，距古城西安約80公里。由於乾陵恰好位於唐長安城的西北方向，在八卦中，西北方位屬於「乾」卦，故稱「乾陵」。

　　乾陵是中國唐朝第三代皇帝唐高宗李治與大周女皇武則天的合葬墓，是中國唯一的一座兩個皇帝的合葬陵寢，也是目前所知唯一沒有被盜掘過的唐代帝王陵墓，被譽為「唐陵之冠」。

　　西元683年12月，唐高宗李治病逝。武則天命吏部尚書韋待價為山陵使，按照「依山為陵」的葬制，在梁山山腰上開始修建地下地宮。

　　工程艱巨浩大，7個月後，主要工程竣工，唐高宗入葬乾陵。乾陵營建時正值盛唐時期，國力雄厚，所以陵園的規模宏大，建築富麗雄偉。705年冬武則天駕崩，也埋葬在乾

陵中。

武則天與乾陵使秦川大地出現了一個神奇的巧合：圓錐形的梁山主峰之南有兩個稍矮、左右對峙的乳峰，地貌恰如一位巨大的女性軀體，正像女皇帝武則天靜靜地仰臥在那裡，默默訴說著那段遙遠的故事。

在乾陵前並立著兩塊巨大的石碑，西側的一塊叫「述聖碑」，這是武則天為高宗歌功頌德而立的碑，她親自撰寫了5000餘字的碑文。東側是武則天的無字碑。自秦漢以來，帝王將相無不希望死後能樹碑立傳，中國歷史上唯一一個女皇帝的石碑卻沒有刻一個字，這是為什麼呢？

目前有三種說法：一種說法認為武則天立「無字碑」是用以誇耀自己，表示功高德大非文字所能表達；另一種說法是認為武則天立「無字碑」是因為自知罪孽重大，感到還是不寫碑文為好；第三種說法則認為武則天是一個有自知之明的人，立「無字碑」是聰明之舉，功過是非讓後人去評論。

還有少數人認為，武則天覺得死後與唐高宗合葬，稱呼自己是皇帝還是皇后，都難落筆，因為不管這種想法是出於其驕傲抑或謙虛，武則天曾君臨天下則是不可否認的事實，權衡之後，還是以無字碑更為恰當。總之，武則天立此「無字碑」，可給後人出了一道難題，至今人們還是猜不出這位女皇的真正用心。

在乾陵陵園朱雀門外的東西兩側，分佈著61尊石人像，大小和真人差不多，人們在習慣上稱其為「蕃像」、「賓王像」。這些石像大約建成於武則天去世前後。

石像背後刻有文字，文字記錄表明，他們是來自唐朝西部、西北部少數民族首領，或者外國使臣，他們都為唐朝的統一與和平外交做出了貢獻。

令人不解的是，這些石像都沒有頭。經過仔細觀察，發現這些身首異處的石像有被砸掉頭的痕跡。

乾陵所在的陝西乾縣，在歷史上是「絲綢之路」的要塞，也是兵家必爭之地。千百年來，這裡發生過的戰爭不計其數。61尊石人的頭顱很有可能就是在連年戰爭中被破壞的。

據當地老百姓的說法，八國聯軍侵華時，見唐乾陵前立有外國使臣，感到有辱洋人的顏面，所以把石人的頭砍掉了。

但據歷史學家考證，八國聯軍侵華時根本沒有到達此處。因此，這種說法純屬民間傳說，不能成立。

另一種說法認為是明朝，當地流行瘟疫，病死百姓不計其數。百姓認為瘟疫來源可能是這些石人在作祟，所以將石像都砸掉了頭。這種說法雖有一定的可信性，但缺乏直接證據。

據有關人事分析，六十一藩臣像斷首當在宋、元、明三朝，宋朝人游師雄曾考察藩臣石像並留下文字記錄，可見那

時石像還完好，明朝人李夢陽在一首詩中記載了石像斷首折肢，由此斷定石像被毀的時間範圍應當無誤。

在遼、金、元三朝，統治者可能領感到同族首領侍立於陵前有辱本族顏面，因而把石像砸毀。可是，如果石像真是毀於遼、金、元三代統治者之手，那為什麼只砸掉了頭，而不是毀掉全部石像呢？關於六十一藩臣像頭顱的下落之謎，還有待於進一步研究。

乾陵裡面究竟有些什麼呢？沒有記載。按照古代帝王喪葬的慣例，可以這樣估算，唐高宗應把當時國家財政收入用掉三分之一，20多年後，武則天又花費了國家財政收入的三分之一。如果從來未盜，埋在陵內的金銀財寶將堆積如山。還有人以重量推測陵中的文物，說至少要有500噸。

根據考古工作者對乾陵主峰以下，垂直地宮的局部探測，以及對乾陵附近的陪葬墓的發掘，專家們推測乾陵墓室的結構，是由墓道、過洞、天井、前後通道，左右宮殿組成。左邊躺著唐高宗，右邊躺著武則天。

在前後通道的兩側，又各有四間石洞，洞裡裝滿了盛唐時的珍寶。在通向金剛牆的近百米過道兩旁，擺滿了各種金銀祭器。而最讓世人感興趣的就是那件頂尖級國寶——《蘭亭序》。史書記載，李世民在遺詔裡說要將《蘭亭序》放在其頭下。也就是說，這件寶貝應該在昭陵，而不在乾陵。

可是，五代耀州刺史溫韜把昭陵盜了，但在他寫的出土寶物清單上，卻並沒有《蘭亭序》，那麼《蘭亭序》很有可能就藏在乾陵裡面。乾陵一帶的民間傳聞中，早就有《蘭亭序》陪葬武則天一說。

然而這一切，只能等到乾陵發掘的那一天才能知道。乾陵的謎還有很多的很多，作為歷史上唯一的女皇帝，武則天在生前死後都給人們留下了很多謎團。

西夏王陵：
神祕的東方金字塔

● 大夏帝國，神祕出現又神祕消失，

留給後人的是謎一樣的金字塔。

　　西夏王陵坐落在銀川市西郊的賀蘭山下，是中國現存規模最大、地面遺跡保存最完整的帝王陵園之一，與北京的明十三陵、河南鞏縣宋陵相當。王陵中獨特的陵塔有「東方金字塔」的美譽。整個西夏王陵建在約50平方公里的荒漠上，共有9座皇帝陵園和250多座達官貴人的墓葬。

　　770多年前，西北大地聳立著一個與宋、遼鼎立的少數民族王國──「大夏」封建王朝，西夏語為「大白高國」。因其位於同一時期的宋、遼兩國之西，歷史上稱之為「西夏」。

　　1227年，經過一番血雨腥風，蒙古成吉思汗的大軍攻下了西夏王朝後，對西夏黨項人進行了毀滅性的殺戮。

　　這個在戰火中湮滅的西夏王朝在歷史典籍上記載極少，《二十四史》上也沒有對西夏王朝的記錄。如今這個曾經顯

赫一方的西夏王朝留給後人的，只是一個又一個謎。在這種背景下，西夏王陵的發現，幾乎是天賜的奇蹟。

1972年6月，中國人民解放軍蘭州軍區某部，準備在寧夏賀蘭山下距離銀川市約40公里的地方修築一個小型軍用飛機場。然而，十幾天後，在挖掘過程中就出現了古老的陶器和方磚，方磚上還有無法辨識的文字。

考古人員到現場進行研究後認定，這是一個古代西夏時期的陵墓，方磚上的方塊字就是傳說中的西夏文。

後來勘測時，綿延的賀蘭山荒漠中，金字塔形黃土建築竟一座座默默相連——考古人員相繼找到十幾座高大的墓塚。最後，他們終於認定：這些雄偉的建築正是西夏皇家陵墓！

2000年4月30日，考古隊隊員在對3號陵園的清理發掘中，在陵園的東北角闕，發現了一尊造型完整的人面鳥身的「鳥人」。

經中國科學院考古所專家蔣忠義認定，這「鳥人」是《阿彌陀佛經》中記載的迦陵頻伽。這是西夏史考古的首次發現。迦陵頻伽是梵語的音譯，漢語譯作妙音鳥，是喜馬拉雅山中的一種鳥，能發妙音，是佛教「極樂世界」之鳥，它們應是佛教建築上的裝飾物。

然而，隨著研究的深入，西夏王陵的神祕也越來越令人疑惑。至今，王陵仍存在四大未解之謎：

首先，西夏王陵的夯土（指一種建築材料）主體為什麼沒有損壞？王陵的附屬建築都已毀壞了，但以夯土築成的王陵主體卻巍然獨存。根據年代推算，這些王陵最晚的一座也超過了700年，如此漫長的歲月，許多磚木結構都已經土崩瓦解，為何夯土建築卻依然完好呢？

其次，王陵上為什麼不長草？賀蘭山東麓是牧草豐美之地，處處長草，唯獨王陵上寸草不生。有人說陵墓是夯土築成的，既堅硬又光滑，所以不會長草。可是石頭比泥土更堅硬，只要稍有裂縫，落下草籽，就能長草，陵墓難道一點縫隙也沒有嗎？

有人說當年建造陵墓時，所有的泥土都是薰蒸過的，野草難以得到養分，所以長不出草來。可是薰蒸的作用能持久近千年嗎？何況陵墓上難免有隨風刮來帶有草籽的浮土。

再次，王陵上為什麼不落鳥？西北地方儘管人煙稀疏，鳥獸卻相對要多一些，尤其是繁殖力較強的烏鴉和麻雀，它們幾乎隨處歇腳，可是唯獨不落在王陵上。

最後，西夏王陵的佈局是否可以安排？比如按「時間順序」或者說「帝王的輩分」由南向北排列——但是實際上，從高空俯視，這些王陵好像是組成了一個什麼圖形：有人說可能是根據八卦圖形定位，也有人說那是風水安排的。

可是最早一個國王的逝世到最後一個國王的逝世，時間

相差近200年，誰能實現估計到西夏王國要傳多少代王位呢？

由於西夏的史料和相關的證物極少，所以有關西夏王陵
的諸多謎團仍然無解。

成吉思汗寢陵在何處

● 成吉思汗死後葬在何處？

700年來，這一直是個不解之謎。

蒙古帝國的創始人，一代天驕成吉思汗，西方人眼中的「上帝之鞭」，東方人眼中的「天之驕子」，名副其實的「人類之王」。他一生拉弓拔箭、戎馬風雲，不僅創建了有史以來疆域最大的中華版圖，也給後世留下無數的猜想與謎團。尤其是成吉思汗之墓，更是霧中之謎，幾百年來，後人到處探究至今一無所獲。

成吉思汗原名鐵木真，西元1162年出生於蒙古部乞顏孛兒只斤氏的一個貴族家庭。經過多年征戰，鐵木真統一了漠北草原各部。西元1206年，他建立大蒙古國，尊號「成吉思汗」，蒙語意為「像大海一樣偉大的領袖」。

他即位後展開了大規模的軍事活動，版圖擴展到中亞地區和南俄。西元1227年，成吉思汗征討西夏時死於軍中，時年66歲。

元朝建立後，成吉思汗被追尊為元太祖。蒙古族盛行「密

葬」，帝王陵墓的埋葬地點不立標誌、不公佈、不記錄在案，
所以真正的成吉思汗陵究竟在何處始終是個謎。現今的成吉
思汗陵乃是一座衣冠塚，它經過多次遷移，直到1954年才由
湟中縣的塔爾寺遷回故地伊金霍洛旗。

傳說在成吉思汗下葬時，為了保密起見，曾經以上萬匹
戰馬在下葬處踏實土地，並以一棵獨立的樹作為墓碑。為了
便於日後能夠找到墓地，人們在成吉思汗的下葬處，當著一
峰母駱駝的面殺死了它生的一峰小駱駝，並將鮮血灑於墓地
之上。等到第二年春天綠草發芽後，墓地已經與其他地方混
為一體了。

後人在祭祀成吉思汗時，便牽著那峰母駱駝同行。母駱
駝的方位感很強，當它來到墓地後便會哀鳴不已，懷念曾經
被殺死的小駱駝。於是，祭祀者就能找到成吉思汗的墓陵了。
然而，等那峰母駱駝死了之後，就再也沒人能夠找到成吉思
汗的墓葬了。

據《蒙古祕史》記載，蒙古皇族下葬後，先用幾百匹戰
馬將墓上的地表踏平，再在上面種草植樹，而後派人長期守
陵，直到地表不露任何痕跡方可離開，知情者則會遭到殺戮。
由此可見，這種傳說顯然不是空穴來風。

700年來，許多人根據各種各種的資料尋找成吉思汗陵
墓，可是最終都是一無所獲，成吉思汗給我們留下了一個千

古之謎。

對於成吉思汗墓地的具體位置，多年來大致形成了4種說法：一是位於蒙古國境內的肯特山南、克魯倫河以北的地方；二是位於內蒙古鄂爾多斯市鄂托克旗境內；三是位於新疆北部阿勒泰山；四是位於寧夏境內的六盤山。

有人認為成吉思汗陵墓在蒙古國肯特山。有關史料記載，成吉思汗生前某日，曾經在肯特山上的一棵榆樹下靜坐長思，而後忽然起立，對手下隨從說：「我死後就葬在這裡。」

南宋文人的筆記中也記載，成吉思汗當年在寧夏病逝後，其遺體被運往漠北肯特山下某處，在地表挖深坑密葬。其遺體存放在一個獨木棺裡。獨木棺下葬後，墓土回填，然後「萬馬踏平」。

有人認為成吉思汗陵墓在新疆北部阿勒泰山脈所在的清和縣三道海附近。馬可·波羅在《馬可·波羅遊記》中寫道：「在把君主的靈柩運往阿勒泰山的途中，護送的人將沿途遇到的所有人作為殉葬者」。而考古專家在該地發現了一座人工改造的大山，推測有可能是成吉思汗的葬身陵墓。

此外，還有記載說，成吉思汗是1227年盛夏時，攻打西夏時死於六盤山附近。有考古專家據此認為，按照蒙古族過去的風俗，人去世3天內就應該處理掉，或者天葬，或者土葬，或者火化，為的是怕屍體腐爛，靈魂上不了天堂。因此，

成吉思汗去世後就地安葬的可能性很大。

　　然而，很多人都認為成吉思汗死後葬在鄂爾多斯市鄂托克旗境內。幾百年來，鄂爾多斯草原上一直流傳著一個美麗的傳說：當年，成吉思汗率領軍隊西征西夏時，路經鄂爾多斯草原的包爾陶勒蓋，被這裡水草豐美、花鹿出沒的美景所陶醉，留戀之際失手將馬鞭掉在地上。於是，他有感而發，吟詩一首：「花角金鹿棲息之所，戴勝鳥兒育雛之鄉，衰落王朝振興之地，白髮老翁享樂之邦。」並對左右說：「我死後可葬此地。」

　　成吉思汗在六盤山逝世後，屬下準備將他的靈柩運回故地安葬，但靈車路過鄂爾多斯草原時，車輪突然深陷地裡，人架馬拉也紋絲不動。這時，大家想起了成吉思汗生前的話，於是，就地將成吉思汗安葬在了鄂爾多斯草原上，並留下500戶「達爾扈特」人守護。

　　成吉思汗的陵墓究竟在哪裡，目前還無法確定。但不管怎樣，成吉思汗的偉大成就將永遠被人們所瞻仰。

明十三陵碑文之謎

● 武則天的無字碑聞名天下，

可是在明十三陵中也有無字碑，這是為什麼呢？

　　舉世聞名的十三陵，是明朝十三個封建皇帝的陵墓。坐落在北京西北郊昌平縣境內的燕山山麓。這裡自永樂七年五月始作長陵，到明朝最後一帝崇禎葬入思陵止，其間230多年，先後修建了十三座金碧輝煌的帝王陵墓，是當今世界上保存完整埋葬皇帝最多的墓葬群。

　　在明十三陵中，每座陵墓前都有一座神功聖德碑，顧名思義，此碑是記載皇帝一生功勞的碑。明長陵是十三陵首陵，碑首正面中心部位有篆額天宮，刻「大明長陵神功聖德碑」，碑身刻明仁宗朱高熾為其父成祖朱棣撰寫的碑文，長達三千餘字，碑的陰面，左右側面均為清代皇帝的御文。

　　然而在十三陵裡只有明成祖朱棣的長陵的石碑上有碑文，其餘十二陵的石碑上都沒有碑文，成為無字碑。既然十三陵中第一陵有碑文，為何接下來的卻又無碑文呢？中國歷史上無字碑很多，最有名的當屬武則天的無字碑，可是像明十三

陵這樣，十三陵中有十二陵無碑文，還是獨一無二的。

對於無字碑眾說不一，有的人認為，皇帝功德太大，無法用言詞表達，這種說法是沒有根據的，因為明代的開國皇帝朱元璋和立業皇帝朱棣的陵神功聖德碑均刻有文字，這兩位皇帝都能用文字來表達，那麼後代皇帝大多碌碌無為，怎麼倒無法書寫了呢？倒不如說是無功勞可書。

獻陵是明仁宗（朱棣之子）朱高熾的陵墓，其神功聖德碑立於陵前約百米處。為什麼從獻陵開始，其後的功德碑就成了無字碑了呢？有專家分析可能與明仁宗在位時間短有關係。

永樂二十二年（1424年）七月十八日成祖病逝榆木川，由長子朱高熾即位，為仁宗皇帝，改年號洪熙，可是仁宗在洪熙元年（1425年）五月十二日去世，那麼對他一生的評價特別是即位之後，實難盡善盡美的表達，因此他的兒子宣宗皇帝沒有為其父撰寫神功聖德碑文，再者，仁宗皇帝在臨終遺詔中提出「朕臨御日淺，恩澤未浹於民，不忍重勞，山陵制度務從儉約」。宣宗遵照仁宗遺詔營建山陵。從洪熙元年七月興工，到九月玄宮落成埋葬仁宗，僅用了三個月的時間，地面建築是陸續營建的，建成後的獻陵確實比較簡樸，神道上沒有單獨設置石象生、碑亭等建築，無重門，其他建築也比較簡單，因此後代有「獻陵最朴，景陵最小」之說。既然仁宗沒有立神功聖德碑，那麼後代的皇帝也不好再立了，一

直到嘉靖年間才為上述六帝（從仁宗—武宗）之陵立碑，但未書文。

關於無字碑的原因，還有人認為，碑文按理應由翰林學士來寫，因太祖朱元璋在皇碑文中寫到「況皇陵碑記皆儒臣粉飾之文，恐不足為後世子孫戒」，所以皇帝陵碑文必須由嗣皇帝撰寫，如太祖碑文為成祖所撰，成祖陵碑文為仁宗所撰。據史料記載，明十三陵從第二陵開始後的六陵，開始都沒立碑，補立的六塊碑是嘉靖年間用6年時間做成的。做成之後，按祖訓應由當朝皇帝為其撰寫合適的碑文，但當時嘉靖皇帝沉迷於聲色，對此根本不感興趣，直到他去世也沒寫出一篇來，因此，碑雖樹起來了，卻始終沒有碑文。

嘉靖以後的各陵，又因祖宗開了無字的先例。有人認為，最主要的原因在於，明朝中後期的皇帝們多無功績，他們篤信方術，重用宦官，朝廷一片黑暗。立一塊無字碑，或許更能掩飾一位位帝王的腐敗和無能。十三陵各陵碑上雖然無字，卻反映著明朝中期以後政治上的腐敗。

從嘉靖以後所建之陵前均有碑無文，從獻陵到德陵共十一帝。到崇禎帝時，清朝皇帝為他立了碑，並刻有文字。所以十三陵中只有第一座陵墓和最後一座陵墓的神功聖德碑上刻有文字，其他十一帝均為無字碑。

泰姬瑪哈陵背後的故事

● 美麗的愛情傳說背後，竟然是一個血腥的故事。

　　泰姬瑪哈陵作為陵墓建築中的典範，一直被人們所瞻仰和稱頌，因為它背後有一個動人心弦的愛情故事。

　　據說沙·賈汗的寵妃阿姬曼·芭奴是一位具有波斯血統的絕世美女，性情溫柔，擅詩琴書畫。她二十一歲時與當時為賈汗吉爾國王的三王子庫拉姆結婚。她婚後與庫泰姬瑪哈陵拉姆同甘共苦，形影相隨。

　　1628年，庫拉姆經過一場血戰繼承王位，給自己取名沙·賈汗，意為世界之王。沙·賈汗也因此得到宮中最高頭銜──泰姬·馬哈爾。

　　但是好景不長，1631年，阿姬曼·芭奴因難產而死，令沙·賈汗傷心欲絕。他決定為寵妃建造一座全世界最美麗的陵墓，以表達他對寵妃的思念之情。同時，下令宮廷為她致哀兩年，禁止一切娛樂活動。

　　然而，泰姬瑪哈陵的建造真的是出自偉大的愛情動機嗎？

　　舉世聞名的泰姬瑪哈陵的陵墓建築群包括大門、瑪哈墓、

兩座清真寺、四座尖塔和一些附屬建築物，全部設計互相配合，渾然一體。陵墓高約250尺，聳立河邊，氣勢雄傳。陵園占地42畝，佈局精巧，林木成蔭，風景優美，更有流水、噴泉，反映了蒙兀兒人心目中的人間仙境。

據說，每天動員2萬各工匠，耗時22年才建成。石匠、金飾工、雕刻家和書法家把整座陵墓裡裡外外都裝飾得美輪美奐。鑲嵌那些精美的圖案所用的寶石多達43種，包括玉石、水晶、黃玉、藍寶石、鑽石等。墓內到處可見純銀燭台、純金燈座、華麗的波斯地毯，雕花大理石棺四周更圍了一道純金的欄杆。

據17世紀到印度旅行的歐洲人說，賈汗好大喜功權慾薰心，荒淫無度，根本不是愛情專一的丈夫。甚至有人說，他曾與長女亂倫。為了爭奪皇位，他竟然不念親情，把幾位兄長和五個男性親人全部殺害。

不僅如此，據史料記載：阿姬曼·芭奴極其仇視基督徒，曾慫惠沙傑漢血洗印度東北侮岸的葡萄牙殖民地胡格利。他石棺上的銘文寫道：「求真主保佑我們抵禦異教徒。」

賈汗統治期間，一直不遺餘力擴張權勢。他畢生都熱衷於建造許多宏偉的建築物，以炫耀帝國的財富，瑰麗的泰姬瑪哈陵也許只是典型的例子。

泰姬瑪哈陵建成後，賈漢竟殘忍的在陵墓完工後砍掉設

計師的頭，又砍掉眾工匠的手，其血腥程度可謂世間少有。

他為什麼要這樣做呢？無人知曉。

古墓長明燈不滅之謎

● 在一座古墓的拱頂上，一盞明燈投射著幽幽的光芒。
為什麼它能長燃不滅？

西元527年，敘利亞處於東羅馬帝國的統治，當時在敘利亞境內的東羅馬士兵們曾發現，在一個關隘的壁龕裡亮著一盞燈，燈被精巧的罩子罩著，罩子好像是用來擋風的。根據當時發現的銘文可知，這盞燈是在西元27年被點亮的。士兵們發現它時，這盞燈竟然已經持續燃燒了500年！遺憾的是，野蠻的士兵們很快毀壞了它。

西元1400年，人們發現古羅馬國王之子派勒斯的墳墓裡也點燃著這樣一盞燈，這盞燈已持續燃燒了2000多年。風和水都對它無可奈何，熄滅它的唯一的方式就是抽走燈碗裡那奇怪的液體。這難道是神話中的阿拉丁的神燈嗎？

西元1534年，英國國王亨利八世的軍隊衝進了英國教堂，解散了宗教團體，挖掘和搶劫了許多墳墓。他們在約克郡挖掘羅馬皇帝康斯坦丁之父的墳墓時，發現了一盞還在燃燒的燈，康斯坦丁之父死於西元300年，這意味著這盞燈燃

燒了1200年！

西元1540年，羅馬教皇保羅三世在羅馬的亞壁古道（一條古羅馬大道）旁邊的墳墓裡發現了一盞燃燒的燈。這個墳墓據說是古羅馬政治家西塞羅的女兒之墓，而西塞羅的女兒死於西元前44年。顯然，這盞燈在這個封閉的拱形墳墓裡燃燒了1584年！更有趣的是，墳墓裡的屍體浸在一種未知的液體中，看起來像是剛剛才死去一樣，原來古人用這種液體來保存屍體。

這些長明燈只是全世界所有發現中的幾例。考古記錄顯示，這種古廟燈光或古墓燈光的現象在世界各地都有發現，例如印度、中國、埃及、希臘、南美、北美等許多擁有古老文明的國家和地區，就連義大利、英國、愛爾蘭和法國等地也出現過。

如此神奇的長明燈為何沒有保留到今天呢？古代人對所發現的長明燈不夠重視嗎？很奇怪，上述這些燈一旦現身，就會以某種方式很快毀壞掉，例如被野蠻的掠奪者和挖掘者毀壞。難道古人在利用某種魔咒來保守他們的技術祕密嗎？

不熄之火最早出現在各種神話故事中。據說這種不熄的火光是天宮之火，是普羅米修士把它偷偷帶給了人類。總之，人類由於機緣湊巧，知道了這個祕密。也許是某位先哲把它傳給了人類，就像神農氏教會了人類種植農作物，有巢氏教

會了人類建造住所。一旦人類得知如何製造永久的燈光時，消息不脛而走，全世界的廟宇都想裝上這種永不熄滅的燈。

根據古埃及、希臘和羅馬等地的風俗，死亡的人也需要燈光驅逐黑暗，照亮道路。因此，在墳墓被密封前，習慣於放一盞燈在裡面。而富貴榮華之家就要奢侈一些，放上一盞不熄的燈，永遠為死者照亮。千百年以後，當這些墳墓的拱頂被打開時，挖掘者發現裡面的燈還在好好地燃燒著。

一般平民的墓穴裡沒有這種燈。不過，並不富貴奢華的古代煉金術士的墓穴裡也會出現這種燈。例如，西元1610年，一位叫洛斯克魯茲的煉金術士的墳墓在他死後120年被掘開，人們發現裡面也亮著這樣一盞不熄的燈。於是，人們懷疑古時的煉金術士和鑄工懂得製造這種長明燈的技術。難道不熄的燈光與金屬有關嗎？

遺憾的是，這種不熄的燈現在再無蹤影，那些過去記載的見聞是不是真實的呢？永不熄滅的燈很自然成為學術界爭論的話題。如果長明燈真的存在，那麼它們的能量來源是什麼呢？或者它們並不是永久長明的，但千百年長久地燃燒，若是普通的煤油燈，就要耗費多少萬升的煤油。難道它們的燃料是能夠不斷補充的？中世紀以後，許多思想家曾經試圖用補充燃料的方式製造一盞長明燈，即在燃料將耗盡時，快速補充燃料。但是沒有一個實驗成功過。即使利用現代的燃

料連續補充技術，製造一個千百年長明的燈，也不太現實。

還有一些人大膽推測，這種燈就是使用電的燈，燈碗裡那看似燃料的液體可能就是用來導電的汞，所以「燃料」看起來永不見少，這種用電的燈也不會怕風吹雨打。古時的希伯來人就祕密地保守著現代叫做電的技術。

如果神燈真的是用電能點亮，那麼電能是如何產生的呢？難道廟宇或古墓中安裝有能夠發電的機器嗎？要做到一勞永逸地不斷供應電能，只有太陽能發電可以做到。神燈真的是利用太陽能發電的嗎？

埃及帝王谷

● 國王陛下的岩洞陵寢是我一個人監修的，
誰都沒有見過，誰都沒有聽說過。

　　帝王谷位於開羅以南700公里，尼羅河西岸岸邊7公里，
與古代底比斯城的所在地隔河相望。

　　在離底比斯遺址不遠處的一片荒無人煙的石灰岩峽谷中，
斷崖之下就是古代埃及新王國時期（西元前1570年～前1090
年）安葬法老的地點。

　　幾個世紀以來，法老們就在尼羅河西岸的這些峭壁上開
鑿墓室，用來安放他們顯貴的遺體，同時還建有許多巨大的
柱廊和神廟。

　　這裡曾經是一處雄偉的墓葬群，共有60多座帝王陵墓，
埋葬著埃及17～20王朝期間的64位法老，其中有圖特摩斯三
世、阿蒙霍特普二世、塞提一世、拉美西斯二世等最著名的
法老。

　　這些陵墓的墓穴入口往往開在半山腰，有細小通道通向
墓穴深處，通道兩壁的圖案和象形文字至今仍十分清晰。其

中最大的一座是19王朝塞提一世之墓，從入口到最後的墓室，水準距離210米，垂直下降的距離是45米，巨大的岩石洞被挖成地下宮殿，牆壁和天花板佈滿壁畫，裝飾華麗，令人難以想像。

帝王谷是一個撲朔迷離之地，至今沒有人能搞清楚它的來龍去脈。比較可靠的說法是認為帝王谷始於法老圖特摩斯一世（西元前1545年～前1515年）。

圖特摩斯有感於先人的陵寢大都難免遭受盜墓人的侵害，首次把自己的陵墓同殯葬禮堂分開。他命建築師依南尼在底比斯山西麓隱蔽的斷崖下的石灰岩壁上開鑿了一條坡度很陡峭的隧道作為墓穴，並將遺體安放於此。

此後的五百年間，法老們一個個長眠在這個山谷裡。後來希臘人看到那通往墓室的長隧道很像牧童吹的長笛，便把岩穴陵墓叫做「笛穴」。

具體施工的記載得以保存下來，倒是要感謝建築師依南尼的虛榮心了。依南尼本人的殯葬禮堂牆壁上的文字詳述了他的生平，其中有一段敘述了這第一座岩洞陵墓的建築過程。

有幾句很引人注目：「國王陛下的岩洞陵寢是我一個人監修的，誰都沒有見過，誰都沒有聽說過。」然而，現代考古學家霍華德‧卡特卻對依南尼使用的工人數目有所估計。據估計，工人有一百名以上，大多是戰俘，工程結束後他們

就統統被殺掉了。

圖特摩斯一世為了防止盜墓者才把岩洞陵墓修建在帝王谷。然而，天不遂人願，帝王谷註定要成為盜墓賊的天堂。

法老在安葬他們的木乃伊時極盡奢華之能事，裡面每一座墓室的財富數量都遠遠超過最貪婪者的夢想，盜墓賊豈能不垂涎三尺？

在帝王谷，法老們選定的墓穴位置是彼此靠近的，不像過去那樣分散，目的是便於集中守護，而這也恰恰給盜墓賊提供了方便。不知從何時開始，一支支匪幫出沒在帝王谷周圍，他們採取各種手段進行瘋狂的盜墓。

托特米斯一世的遺體在那裡待了多久不得而知，但他的後輩托特米斯四世下葬不到10年，墓就被洗劫一空，並且盜墓者還在墓室的牆上寫下了得意的留言。

可以說，500年的時間裡，葬在那裡的每一座墓室都無一例外被盜賊光顧，以至於後來的法老不得不一次又一次地將他們的先祖改葬。

拉美西斯三世的遺體前後改葬了3次，阿赫密斯、阿門諾菲斯三世以及圖特摩斯二世以及拉美西斯大帝的遺體也都曾被改葬別處。到最後，由於再也找不到合適的地方，只好將它們幾具、十幾具堆在一處。1881年，開羅博物館的一位工作人員僅在一個祕密洞穴中就發現了40多具法老木乃伊！

　　隨著朝代更迭，三千年後，帝王谷早已被徹底廢棄，成了一片破敗不堪的荒漠。

　　三千年來，一群群盜墓者把山谷翻了一遍又一遍，直到19世紀，一支支盜墓匪幫仍然在這裡活躍著。可以想像，這裡的陵墓遭到了怎樣的浩劫。當年豪華的洞穴早被洗劫一空，許多洞穴的入口敞開著，成為野狐、沙隼和蝙蝠的巢穴。然而，即使在今天荒無人煙的帝王谷仍然很受盜賊歡迎。

　　同一個地方，盜墓活動持續了三千年。這在歷史上恐怕絕無僅有。

神牛墓之謎

● 公牛是孟菲斯的神獸，

永生的神牛也成了孟菲斯最大的謎團。

埃及是個信仰拜物教的國度，在埃及的歷史上，神具備人形是後期的事了。古代的埃及神都以符號、植物或動物的形象出現。如女神海梭爾是一頭在榕樹上棲身的母牛；奈菲爾特姆神住在荷花上。但多數的神是以動物形象出現的，如赫農是公羊；赫盧斯是隼；托斯是朱鷺；賽貝克是鱷魚。

動物神是埃及重要的信仰，除各種動物神外，有些動物只要具備一定的條件也成為崇拜的對象。孟菲斯的公牛塞拉皮斯就是最著名的神獸，它受到的崇拜禮儀也最為隆重。公牛活著的時候，由牧師在廟裡餵養，死後屍體用藥劑進行保護，舉行隆重的葬禮，然後被同樣花色的公牛接替。這些神獸的墓地的規模不下於神祇和帝王的陵墓，孟菲斯的地下神牛墓就是一個典型的例證。

提到神牛廟就不能不提一個人——法國人馬利耶特。馬利耶特年輕時就研究埃及學，對埃及的歷史很感興趣。1848

年，他來到埃及。在埃及，馬利耶特後發現了一個非常奇怪的現象：無論埃及官僚們豪華的私人花園裡，還是亞歷山大、開羅或吉薩的一些較新的寺廟前的獅身人面像，雕刻的風格都顯然是一樣的。馬利耶特在開羅附近的撒卡拉城裡的古代遺跡間漫步時，偶然看到一座埋在沙裡只露著頭部的獅身人面像，他覺得這座獅身人面像和開羅以及亞歷山大港的那些像十分相似。

　　事情就是這麼的巧，在獅身人面像上，馬利耶特看到一段記載有關孟菲斯的神牛塞拉皮斯的銘文，這使他想起了斯特拉蓬的一段話：「在孟菲斯還有一座塞拉皮斯神廟。當地沙子極多，到處都是被風吹成的沙堆。沙裡埋有各種斯芬克斯的雕像，有些露出一半，有些只露出頭部。由此可以想像，在走向這座神廟的路上，如果刮起一陣風來是相當危險的。」於是，馬利耶特斷定有一支湮沒了的獅身人面像的行列，其盡頭就是傳說中的西拉皮斯神廟。

　　經過艱辛的考察，直到1951年2月11日，馬利耶特的發掘小組才找到了孟菲斯神牛墓。在神牛地下墓室的入口處有一座安葬之前放置遺體用的教堂，其規模較之埃及貴族的平頂墓前的教堂不相上下。一條很陡的甬道通向長形墓室，裡面安放著從拉美西斯大帝起數百年來無數具神牛的屍體。這些屍體各占一間墓室，許多墓室沿著三百二十英尺長的通道

排成長列，加上後來出土的直至托勒密時代的墓葬，墓道總長達到一千一百二十英尺。對神牛的崇拜竟然到了如此地步！

　　神牛墓的主長廊是個在裸露的岩石上挖成的大墓穴，實際上是由幾條互相交叉的長廊組成，大部分長廊的左右兩邊都有墓室，裡面安放著神聖的神牛木乃伊。

　　孟菲斯的神牛廟裡共有64間墓室。每一個墓室裡，中央都豎著一個阿瑪西斯時期以後的巨大石棺。這些石棺都是用光亮平滑的黑色或紅色的花崗岩鑿磨製成，每個約高九點六英尺，寬六點四英尺，長十二點八英尺，估計重七十二噸。

　　可惜神牛廟裡的許多石棺蓋早已被人掀去，所以馬利耶特和以後的考古者一共只找到兩個內部完整無損的石棺，其他都已遭受粗暴的劫掠。這是幾時發生的呢？誰也說不清，盜墓的人也並沒有留下姓名。不斷移動的流沙湮沒了多少廟宇、墓葬和古城，盜墓者留下的痕跡早已被沙蓋得無影無蹤了。

　　如今，孟菲斯的地下神牛墓（即塞拉皮斯神廟），與圖坦卡蒙的陵墓、德爾巴哈里的帝王谷木乃伊，以及塔尼斯的王室墓穴一起，並列成為埃及學四大重要的考古發現。

神祕的吉薩高地古墓

● 吉薩高地先後發現了160多個古墓，其形狀與金字塔非
常相似，然而人們直到今天也無法解讀這些墓壁上的象
形文字。

　　吉薩在尼羅河下游左岸，與開羅隔河相望。吉薩有著名
的吉薩金字塔、孟菲斯遺跡和博物館等。吉薩的三座金字塔
是古代七大奇蹟之一，它們聳立在尼羅河兩岸的沙漠之上。
金字塔如此高大，使人們很容易相信它們是神或巨人所建造
的古代傳說。

　　從1991年開始，吉薩高地先後發現了160多個古墓，許
多古墓的形狀與金字塔的外形非常相似。考古學家們雖然直
到今天也不能解讀這些墓壁上的象形文字，但它們顯然跟金
字塔有關。遺憾的是，這些古墓多半遭到盜墓賊的光顧，因
此有價值的文物所剩無幾。

　　二十世紀九十年代末，吉薩發現了一座特殊的古墓。這
座古墓有4600多年的歷史，並且保存完好，沒有遭盜遭毀的
任何跡象。這座古墓是傳說中埃及第四王朝三代國王大祭師

們的下葬地。雖說目前還無法證實墓主的真實身分，但如果真是國王大祭師墓葬的話，那麼墓中一定藏有大量跟第四王朝有關的歷史資料，因為埃及古王朝的歷史與文化當年只掌握在這些大祭師們的手中，象形文字和解釋歷史是他們特有的權力。

然而，吸引人的不是古墓的歷史，而是古埃及的諺語和美國大預言家愛德格‧凱西的預言。埃及古諺語說，每當在世紀之交的時候，埃及的一些神祕古墓就會被發現，在人類打開古墓的同時，也同時打開了一個新的世紀。

愛德格‧凱西是上個世紀的大預言家，他自稱接到過有關大金字塔和獅身人面像來歷的超自然訊息，預言每當世紀之交的時候，有關金字塔或者其他資訊就會被發現，他所預言的人類在十九世紀末將發現胡夫金字塔入口的消息後來被證實是準確的，胡夫金字塔的原始入口1881年被英國探險家霍華德‧維斯打開。

然而，愛德格更大的預言是：在獅身人面像的爪子底下或金字塔底下有一個規模浩大的地下「檔案館」，「檔案館」裡收藏著有關人類起源和智慧發源的原始資料！這個地下的「檔案館」被發現的時間將是二十世紀的90年代末！讓人感到吃驚的是，美國和英國科學家透過地震勘測法得到的結果表明：在獅身人面像的地底下確實存在一個規模龐大的地下

建築群！

　　這次發掘的神祕古墓就位於被懷疑有地下「檔案館」的區域內，所以引起世人的關注。古墓共有3層，最神奇的第三層曾經被水淹過。墓穴裡有4根巨大的神柱，包圍著一個被水淹著的石棺。雖說這裡沒有讓人看到預言家所說的關於人類的祕密，但如此宏大的地下建築卻讓人們歎為觀止。而且，地下工程的挖掘工作還遠遠沒有完成，也許那裡才隱藏著真正的祕密。

　　此外，埃及考古人員還展示了一些以前從來沒有向人們展示過的東西。其中幾幅精美的壁畫甚至展示了一些高技術的影子，比如一些非常像飛船和直升機的圖案。最讓人驚奇的是：「直升機圖案」的外形竟然跟目前美國空軍使用的「阿帕契」直升機的外形如出一轍。

　　不過，埃及政府和文物部門卻嚴禁任何人接近這塊「禁地」。埃及政府的做法讓許多人議論紛紛，有人猜測，埃及政府一定在古墓發現了什麼，也許發現了一個驚天祕密，所以沒有向公眾展示。許多人甚至斷言：人類有可能找回過去那段失落而又高度發達的文明！

馬其頓王陵的祕密

● 腓力二世是馬其頓著名的君主，他建立了強大馬其頓王
國，然而他的墓穴長期以來不為人所知。

在希臘北部薩洛尼卡城西南64公里的韋爾吉納村，有一
座古老的陵墓——馬其頓王陵，這裡「沉睡」著一位野心勃
勃、妄圖征服天下的國王——古希臘馬其頓王腓力二世（西
元前359~西元前336年在位）。

雅典的德謨斯提尼認為腓力二世是蠻人、僭主和暴君。
實際上他的確是個僭主，他在其兄帕迪卡其三世死後處死了
繼承王位的侄子——他亡兄的兒子，自立為王。儘管他生長
於馬其頓這個希臘北部邊陲的蠻荒國家，但他絕對不是一個
蠻人。事實上他深受希臘文化的薰陶，並且認真學習了希臘
有關戰爭的戰略戰術以及政治權術等方面的知識，這使他不
僅受益於希臘的先進文化和技術，還熟知希臘城邦的弱點，
以及它們之間的相互矛盾。這為他登基後打敗希臘諸國打下
了堅實的基礎。

西元前4世紀，當時馬其頓興起於希臘北部，腓力二世

建成了統一的馬其頓王國，並使之在希臘諸邦中迅速崛起，一躍成為希臘諸邦中強大的軍事強國。西元前338年或337年，腓力在科林斯召開全希臘城邦大會，結束了古典時代的希臘歷史。以後，馬其頓便成為希臘世界命運的主宰，昔日稱霸一時的雅典和斯巴達兩大強邦降為馬其頓王國的自治區。然而，西元前336年春，在一場突發的宮廷騷亂中，腓力二世被內部的仇敵刺殺身亡。

馬其頓王陵於1977年被希臘考古學家M·安茲羅尼科斯發現，並由他主持發掘。這是第馬其頓二次世界大戰以來希臘考古學的重大成果之一。

王陵位於距地面5.18米的地下，王陵的形狀看上去像是多立克柱式神廟。它分兩個墓室，前小後大，大墓室為主室。墓門是多立克柱式的門廊，橫楣上還留著獵獅圖壁畫的殘跡，墓頂為拱形結構。

主室的正中間置放著白色大理石棺，內藏純金骨灰箱，骨灰箱內盛著腓力二世的骨灰和兩顆牙齒，用紫色的錦緞包裹著，還有一頂雕鏤極精的金製王冠。純金打造的骨灰箱與金冠的製作精美絕倫，為希臘考古中所僅見。小墓室中也有一個同樣的小石棺，棺內也有一個純金的骨灰箱，形式與主室中的骨灰箱相仿，不過較小。

墓內有壁畫及盔甲、瓶、杯、象牙頭像等隨葬品，都是

古希臘工藝的精品水準很高。其中最為出色的是盔甲和盾牌。盔甲上刻有雅典女神和8個獅頭浮雕，出土時它的金帶和金環仍然熠熠生輝。

主室的石棺前放著一張木床，床上鑲配著象牙浮雕和小型象牙頭像，頭像的雕刻技藝非常高超。發掘者認為，這是腓力二世和王后及其兒子亞歷山大大帝的肖像。當時希臘盛行火葬，一般墓室較簡單，這樣規模的墓葬尚屬罕見。

希臘是歐洲古代文明的發源地，希臘人創造了輝煌燦爛的古代文化。腓力二世雖征服了希臘，但博大精深的希臘文化卻早已征服了他，他墳墓中那些傑出的希臘藝術品就是明證。

摩索拉斯陵墓之謎

● 摩索拉斯陵墓並不是可怕的墓穴，而是一件華麗的珍寶。

　　一提到陵墓，恐怕絕大多數人都會有一種毛骨悚然的感覺。然而人們卻禁不住要爭先恐後地一睹土耳其的一座遠古時代的墳墓。它就是被稱為「世界七大奇觀」之一的「摩索拉斯陵墓」。

　　「摩索拉斯陵墓」散發著一種神祕的氣息，圍繞它流傳著許多似是而非的故事。陵墓的主人是古代小亞細亞加里亞國王摩索拉斯。加里亞是當時阿那托利高原西南部的一個小國，受波斯帝國的統治。

　　西元前395年，摩索拉斯王下令動工興建自己的陵墓，然而直到西元前353年國王駕崩陵墓尚未完工。王后阿爾特米西婭二世繼承了摩索拉斯王的未竟事業。西元前351年陵墓竣工，如其所願，這座大墓果然成為希臘古典時代晚期陵墓方面最有名的建築。

　　摩索拉斯陵墓集中表現了統治者追求威嚴與豪華的思想。許多優秀的希臘建築師與雕刻家都被聘請參與這項工程的建

設。除了要完美地傳達出國王本人的意願外，他們還力求使之成為一座融匯希臘和東方特色的創造性的宏偉建築。在古希臘建築師庇者阿斯等人的設計監造下，這座陵墓確實成為他們所希望的那種樣子。

這座陵墓剛建成就聲名遠揚，讓人驚歎不已。古希臘──羅馬時代的旅行者安提巴特將其與古埃及的胡夫金字塔相提並論，一起列入「世界七大奇觀」之列。即使在其建成1500年之後，目睹這一建築物的拜占庭人、帖撒羅尼迦的優斯塔修斯主教還寫道：「摩索拉斯國王的陵墓過去曾是，現在仍是一個真正的奇蹟。」

摩索拉斯陵墓是一座神廟風格的建築物，造型並不完美，但規模十分宏大。底部是高大、近似於方形的台基。台基用雕飾華麗的白色大理石砌成，約25米長，24米寬，20米高，內有停棺室。台基上四面豎著36根愛奧尼亞式的珍奇華麗的廊柱，用來支撐上面的沉重屋頂，那是一個由24級台階構成的小型金字塔狀的層級屋頂，氣勢十分雄偉。

陵墓的頂飾是高達4米的摩索拉斯和王后阿爾特米西婭二世的乘車塑像，駟馬戰車疾馳如電掣，人物雕像惟妙惟肖。整個墓陵高約50米。這個高度當然遠遜於埃及的胡夫大金字塔，不過在古代已屬於罕見。無怪乎一位古代西班牙詩人在形容這座陵墓時說，它「好像懸在空中」一樣。

　　除了恢宏的外表之外，陵墓內部非常精美的裝飾、雕塑和眾多的雕像，也為這座宏偉的建築物增添了不少光彩。史學家認為這些傑作均出自當時著名的藝術家之手，包括斯科巴斯、利俄卡利斯和提摩西阿斯等。

　　令人扼腕的是，這些藝術珍品早已佚失，只有部分彩帶浮雕、摩索拉斯夫婦的車馬群像以及巨大的大理石馬、石獅雕像被找到。

　　摩索拉斯充其量不過只是一個強大的波斯帝國任命的地方長官，為何要建一座只有埃及法老的金字塔才可與之媲美的安息之所呢？有人說摩索拉斯是為了紀念往昔埃卡多米尼迪王朝的凜凜雄風，也有人說，這座巨大的墳墓是摩拉索斯與王后阿爾特米西婭愛情的見證。

　　然而，摩拉索斯死後並沒有如願地安葬在那座高大雄偉的陵墓裡。據說摩拉索斯王死後，深愛他的王后將他的骨頭碾磨成粉末，溶解在葡萄酒裡供自己飲用，幻想二人永不分離。

　　英國考古學家查理斯・牛頓從1856年起便在摩拉索斯陵墓內進行發掘工作，但時至今日，人們仍不清楚摩拉索斯的石棺究竟是在神像室裡，還是放在建築物下面地基內部的墓穴中。或許他真的沒有被安葬在裡面。也有人指出，摩拉索斯陵墓並不只是一位國王的墓葬，而是一座家族的墳墓，是

為了紀念和緬懷整個埃卡多米尼迪王朝修建的陵墓。

令人百思不得其解的另一個問題是，為何將一座陵墓建在生機盎然的地中海城市的中心？對此，有人解釋道，在希臘人看來，死者的世界黑暗而寂靜，出沒著可怖的幽靈，人死後就會過著暗無天日的生活。解脫之法只有一個：盡可能地為自己贏得死後的榮譽，這樣亡靈就會依然存在於活著的人的意識之中，超越死亡，賦予生命永恆的意義。

可惜的是，這座美麗的建築和除埃及金字塔以外的其他五大奇蹟一樣，被歲月的變遷摧毀了。十字軍入侵到哈利卡納蘇城時，騎兵團曾經用它的石料來修建城牆，這使得摩索拉斯墓的殘跡更少得可憐。

所幸有少量浮雕倖免於難，其中包括那件由大理石雕成的亞馬孫族女戰士的浮雕，現今仍保存在英國博物館內供人們觀瞻。

面對摩索拉斯陵墓的殘磚碎瓦，不知人們會作何感想。不過，從殘存的廢墟遺址中，人們依稀可以辨認、領略古代文明的光彩。

▶ 失落的古文明：神祕消失的繁華世界

■ 謝謝您購買這本書，請詳細填寫本卡各欄後寄回，我們每月將抽選一百名回函讀者寄出精美禮物，並享有生日當月購書優惠！
想知道更多更即時的消息，請搜尋"永續圖書粉絲團"

■ 您也可以使用傳真或是掃描圖檔寄回公司信箱，謝謝。
傳真電話：（02）8647-3660　　信箱：yungjiuh@ms45.hinet.net

◆ 姓名：＿＿＿＿＿＿＿＿＿＿　□男 □女　　□單身 □已婚

◆ 生日：＿＿＿＿＿＿＿＿＿＿　□非會員　　□已是會員

◆ E-mail：＿＿＿＿＿＿＿＿＿＿　電話：（　）＿＿＿＿＿

◆ 地址：＿＿＿＿＿＿＿＿＿＿＿＿＿＿＿＿＿＿＿＿＿

◆ 學歷：□高中以下　□專科或大學　□研究所以上　□其他＿＿＿＿

◆ 職業：□學生　□資訊　□製造　□行銷　□服務　□金融

　　　　□傳播　□公教　□軍警　□自由　□家管　□其他＿＿＿＿

◆ 閱讀嗜好：□兩性　□心理　□勵志　□傳記　□文學　□健康

　　　　　　□財經　□企管　□行銷　□休閒　□小說　□其他

◆ 您平均一年購書：□5本以下　□6~10本　□11~20本

　　　　　　　　　□21~30本以下　□30本以上

◆ 購買此書的金額：＿＿＿＿＿＿＿＿

◆ 購自：□連鎖書店　□一般書局　□量販店　□超商　□書展

　　　　□郵購　　　□網路訂購　□其他

◆ 您購買此書的原因：□書名　□作者　□內容　□封面

　　　　　　　　　　□版面設計　□其他

◆ 建議改進：□內容　□封面　□版面設計　□其他＿＿＿＿＿

　　您的建議：

讀好書品嚐人生的美味

失落的古文明：神祕消失的繁華世界